MANUAL PRÁTICO DE INICIAÇÃO ESOTÉRICA

Eileen Connolly

MANUAL PRÁTICO DE INICIAÇÃO ESOTÉRICA

Tradução
OCTAVIO MENDES CAJADO

EDITORA PENSAMENTO
São Paulo

Título do original:
Develop your Psychic Powers
The Basic Tools of Parapsychology

Edição	Ano
1-2-3-4-5-6-7-8-9	-96-97-98-99

Direitos de tradução para o Brasil
adquiridos com exclusividade pela
EDITORA PENSAMENTO LTDA.
Rua Dr. Mário Vicente, 374 — 04270-000 — São Paulo, SP — Fone: 272-1399
que se reserva a propriedade literária desta tradução.

Impresso em nossas oficinas gráficas.

DEDICATÓRIA

Para meu irmãozinho Tommy, que habilmente teceu os fios do carma num destacado padrão de vida. Nunca lhe foram dadas segundas oportunidades; talvez tenha sido essa a razão da sua bela perspectiva de vida. Ele veio como presente de Natal e foi-se num dia brilhante de verão que lhe conservou o sorriso por muito tempo depois que ele partiu.

Meu grande irmão Tom era uma montanha de força. Amava a vida e não esperava que ninguém contribuísse para o seu destino. Sempre me lembrarei dele, de pé, à minha porta, e sua força silenciosa era uma luz que se foi muito depressa. Tom era a vida, e a vida era curta. O seu carma difícil completou-se e os que ficaram para trás ainda perguntam por quê.

AGRADECIMENTOS

Aos meus leitores no mundo inteiro, os doutos, os professores e outros. Estaremos compartilhando outra aventura de estudos. Estaremos explorando os muitos caminhos que conduzem à sabedoria interior. Estaremos passando o tempo juntos e, durante esse tempo, quero partilhar da sua emoção e do seu progresso.

Aos leitores velhos e novos estendo a minha gratidão pela força em ação que recebo de todos. Eu gostaria que vocês sentissem que os estou ensinando pessoalmente, de modo que o livro se torne não só uma fonte de aprendizado mas também um amigo com o qual vocês podem relacionar-se num plano muito pessoal.

Seja qual for a sua finalidade ao estudar as artes esotéricas, esta obra lhes proporcionará uma referência contínua. Ela contém não somente a teoria como também o processo para explorar o vasto campo da parapsicologia.

Eileen Connolly

Sumário

Lista de exercícios esotéricos

Os compêndios esotéricos Connolly

Esta série de compêndios destina-se a fornecer uma boa compreensão, além de um formato dos estudos básicos. Como acontece com todos os meus livros, minha intenção é ensinar-lhes, tão simplesmente quanto possível, a melhor maneira de trabalhar com os conceitos esotéricos fundamentais e compreendê-los. Seja qual for o propósito de seus estudos, os compêndios lhes proporcionarão uma referência contínua e pronta. Tanto o aluno quanto o professor acharão a série interessante e informativa, visto que cada volume proporciona o seu próprio e único instrumento de aprendizagem.

Esta série abre a mente para os conceitos básicos da Parapsicologia. Faculta ao leitor a exploração dos rudimentos dos princípios esotéricos, e proporciona um formato de abordagem e aprendizagem para o estudante criterioso descobrir o Elo esotérico faltante.

Prefácio

Você pode transformar completamente sua vida pela expansão da sua capacidade pessoal. Aprenda a empregar toda a energia enovelada dentro de você. Muitos de seus talentos ocultos estão apertadamente enredados com a resistência e os bloqueios emocionais. Aprenda a separar e a avaliar essa força viva. Permita que a sua mente consciente enxergue além dos horizontes atuais. Assuma o comando pessoal e rompa todas as suas limitações preconcebidas! Explore o mundo além das barreiras da lógica e descubra novas esferas de possibilidade.

Existe, infelizmente, uma tendência para excluir a possibilidade de uma pessoa ser psíquica, simplesmente porque ela parece não ter "nascido" com poderes psíquicos. Mas a base que se requer para apoiar-lhe a busca é tão-somente uma crença firme de que, com bons princípios básicos de conhecimento, acrescidos da determinação pessoal de estudar e aplicar os mesmos princípios, o campo da Parapsicologia está aberto para o aluno que pesquisa.

A capacidade psíquica semelha a qualquer outra capacidade. Não é um amplo campo de expressão para todos. Dentro do campo da Parapsicologia você poderá descobrir que possui um talento para certo aspecto particular de expressão psíquica. Como, aliás, um aluno de colégio pode não ser capaz de se destacar em *todas* as matérias que um currículo de universidade oferece.

O fato de possuir faculdades mediúnicas não faz de você um experto no campo da Parapsicologia. Você pode ter uma aptidão natural para determinada faceta; isso, entretanto, não representa a vasta área da ciência esotérica. Falando de um modo geral, as pessoas são consideradas portadoras de faculdades mediúnicas quando, na verdade, agem de acordo com suas próprias capacidades – apresentando, desse modo, mera fração de possibilidade no campo total da Parapsicologia.

O conceito preconcebido de alguém ter ou não ter "mediunidade" deveria ser eliminado, a fim de permitir que o estudioso descubra seus dotes particulares. A tentativa de desenvolver a capacidade psíquica em todas as áreas possíveis derrotará toda a idéia de desenvolvimento. O segredo consiste em descobrir suas próprias capacidades naturais e concentrar-se diretamente na própria expressão psíquica.

"A cada qual o que lhe pertence" deveria ser o princípio motivador. Descubra onde estão seus talentos psíquicos. Uma boa pista seria sua reação pessoal a qualquer assunto. Se você, por exemplo, se sente intuitivo ao extremo, pode ser que tenha os talentos básicos naturais do clarividente. Siga a sua curiosidade intrínseca. Pode ser que se sinta inclinado a estudar um tema específico. Siga essa inclinação e poderá descobrir que possui uma capacidade psíquica inerente.

O desenvolvimento de sua capacidade psíquica é como qualquer outro projeto educativo. Devemos abordar o assunto através da aplicação de estudos, interesse e concentração. Depois que tiver adquirido um nível básico de conhecimento, terá de aplicá-lo e pô-lo à prova com paciência e disciplina.

Neste dia e neste século, existem muitos professores competentes, capazes de ajudar o estudante a tornar-se proficiente num tema escolhido. Muitos aspectos da Parapsicologia estão ligados entre si de tal maneira que um campo de interesse conduz a outro. O descobrimento desse verdadeiro primeiro elo é o princípio de todo empreendimento sério nas áreas esotéricas.

Todos temos o nosso próprio elo específico. Este livro foi escrito para ajudá-lo a encontrar o Elo que lhe falta.

Eileen Connolly
Virginia
Abril de 1989

Introdução

O desenvolvimento psíquico principia imediatamente após você dar início à sua busca pessoal – no momento em que compreende que há uma extensão possível da sua capacidade acima e além de sua consciência de todos os dias.

Onde começar é sempre a pergunta do estudante sério. Há muitas escolas e muitos professores, mas você sente necessidade de realizar uma pesquisa pessoal – para ter uma idéia do que é possível e para compreender plenamente os tipos de estudos ao seu alcance. Está claro que o mais importante é saber onde se encontram seus talentos psíquicos.

Antes que essa maravilhosa exploração possa ser levada a cabo, você precisa se preparar. Existem muitas maneiras, algumas das quais poderão estorvar os primeiros progressos. O fato de você se expor demasiado cedo a grupos de discussão pode ser perturbador, uma vez que os participantes já poderão estar imersos nas diversas atividades psíquicas.

Seja-me permitido sugerir uma abordagem inicial e satisfatória para você levar a efeito sua estréia psíquica e encontrar o seu Elo faltante:

1. Prepare-se interiormente. Limpe o caminho pela contemplação e pela meditação (veja *Karma Without Stress*, vol. 1 desta série).
2. Depois que tiver completado a limpeza preliminar, abra a mente e dê início à busca. Isso pode ser feito por meio de leituras ou de indagações realizadas numa escola estabelecida ou a um professor no campo da filosofia esotérica.
3. A preparação acima pode ser efetivada por uma pessoa só ou por um grupo de pessoas que também estejam procurando informações acerca do desenvolvimento psíquico.
4. Um bom professor esotérico que leia este livro poderá pensar na hipótese de oferecer o processo acima a buscadores sérios que estejam começando a explorar a possibilidade do desenvolvimento psíquico.

Capítulo 1

O psíquico

A palavra *psíquico* provém da palavra grega *psychikos* – da alma, espiritual. *Psique*, a alma. *Psyche*, palavra grega, significa mente, consciência, e era originalmente usada para denotar a força da vida dentro do homem. Modernamente, refere-se às faculdades mentais da mente consciente e inconsciente. Usamos a palavra *psíquico* quando queremos referir-nos a pessoas aparentemente sensíveis à força ou à energia de fora do mundo físico.

Em certo sentido, portanto, somos todos psíquicos, pois todos temos alma. O homem tem o poder de aproveitar-se das próprias qualidades da sua alma. Existem pessoas que, segundo tudo indica, nasceram com a capacidade de usar esses dotes inerentes e costumamos considerar únicas essas pessoas, nascidas naturalmente psíquicas. Isso não deve implicar que alguma medida particular de inteligência possa estar ligada à capacidade inerente. A aplicação da inteligência provém da atividade da mente consciente e não faz parte do sermos ou não psíquicos. Existem pessoas nascidas naturalmente psíquicas, que se mostram muito inteligentes, mas elas seriam igualmente inteligentes se não fossem consideradas psíquicas. Presume-se a miúdo a existência de um paralelo, que não deveria existir, entre uma coisa e outra.

Um erudito psíquico é uma bela combinação de dois níveis separados de consciência, que se fundiram com êxito. Infelizmente, muitos psíquicos vivem, socialmente, num nível isolado e, em razão do mistério que lhes cerca a profissão, não são chamados nem tratados do mesmo modo com que se tratam outros diretores espirituais. Falando de um modo geral, as pessoas relutam em fazer-lhes perguntas pertinentes como as que fariam a qualquer outro consultor profissional. Um advogado ou um médico, por exemplo, são constantemente chamados a explicar ao cliente, plenamente, de onde lhes vêm o conhecimento ou a informação. No caso de um psíquico, todavia, isso nem sempre acontece.

Um psíquico recebe informações geralmente não conhecidas. A fonte desse conhecimento é vitalmente importante. Isso traz à baila outro aspecto, que é a fonte esotérica da informação. Muitos psíquicos praticantes têm um guia, um mestre, um anjo, um parente falecido, etc., que fornece orientação e dá informações, que não poderiam ser obtidas por meios normais. Alguns nem fazem alusão à fonte da informação recebida. Outros, porém, reconhecem a força vibratória universal e afirmam que, pelo emprego de sua capacidade psíquica, são capazes de extrair dela a informação desejada. Será tudo isso possível? Tenho a impressão que é! Nasci naturalmente psíquica, e sei que essas coisas são verdadeiras.

Também sei que a fonte da informação utilizada por um psíquico deve ser analisada e verificada! Para podermos acreditar em forças exteriores, e que essas forças viveram na Terra em outro período, precisamos considerar-lhes a validade. Um exemplo simples pode ser o seguinte: se o tio Joe faleceu e, durante a vida, foi um mentiroso contumaz, por que, então, se deveria emprestar algum crédito às suas mensagens?

Um psíquico deve estar sempre atento à sua fonte e não hesitar em fazer uso de todos os meios à sua disposição para verificar a informação recebida. Existem forças superiores nas quais podemos confiar. Se dirigirmos energias através de níveis mais altos de consciência estabeleceremos, inevitavelmente, uma fonte fidedigna boa e positiva.

Este, por conseguinte, é o psíquico que recebe e transmite informações para o bem dos outros. Costumamos referir-nos ao psíquico que recebe este tipo de comunicação esotérica chamando-lhe *médium.* O médium recebe informações de muitos jeitos diferentes, tais como o *clarividente* – isto é, o que vê; e o *clariaudiente* – a saber, o que ouve.

Outro aspecto da mediunidade manifesta-se através do uso e da técnica da adivinhação, ou seja, o ato de predizer o futuro através da interpretação de várias representações de simbolismo. O Tarô, o *Fochaadams*, o *I Ching* e as Runas são alguns instrumentos de adivinhação que se podem usar quando sondamos os reinos mais elevados da consciência. Por intermédio dos símbolos dados somos capazes de penetrar a Consciência Superior. A habilidade real da pessoa determinaria o calibre da informação recebida. Aqui está um exemplo de capacidade aliada à inteligência.

O psíquico, portanto, é o médium capaz de extrair informações até então desconhecidas e de predizer acontecimentos futuros. O seu método ou os seus instrumentos determinam o modo com que ele recebe determinada informação. Toda e qualquer tentativa séria de penetrar o desconhecido tem de ser considerada um empreendimento psíquico. A pessoa que lê as cartas do Tarô e desenvolve sua capacidade como tarólogo está usando também sua capacidade psíquica e mais sua inteligência normal.

Sem embargo da forma com que alguém obtém contacto e consegue informação não considerada normal, esse alguém está pondo em prática uma capacidade psíquica. Estaremos explorando vários escoadouros psíquicos aceitos. Se você sente uma vigorosa atração por qualquer uma das áreas, deve estudar, praticar e aplicar a inteligência para qualificar todas as informações recebidas.

A aplicação da energia psíquica

Todos os dias aplicamos energia psíquica a nossas atividades. Fazemo-la de tantas maneiras que nos é impossível definir quando e como. A mãe que sabe quando alguma coisa está errada! Dar um telefonema no momento exato! Decidindo de repente mudar os preparativos de viagem! Esses são uns poucos e simples exemplos do emprego da capacidade psíquica.

Pessoas que normalmente não associamos ao conhecimento nem à competência esotérica podem estar utilizando, perfeitamente, seus talentos psíquicos. Conheço pessoalmente uma senhora que, se bem não tenha nenhum adestramento esotérico, é, sem dúvida, uma competente astróloga esotérica. Toda vez que usamos outro sentido para explicar e ultrapassar as teorias aceitas, estamos utilizando nossas capacidades psíquicas. Até o "bom senso" se estende com freqüência além dos padrões normais de comportamento. Quantas vezes você se viu obrigado a fazer uso desse "bom senso" e depois se sentiu alegre por tê-lo feito?

A energia psíquica não deve ser considerada uma força à disposição apenas de pessoas especiais. Ela nos envolve a todos e se acha à disposição de todos. Para alguns, chegar a ela é mais ou menos fácil. Para outros, demanda estudo e treinamento. Seja qual for a categoria a que você pertence, uma coisa é vitalmente importante, ou seja, a *habilidade* com que você emprega seus talentos psíquicos.

Para tornar-se mais sensível você precisa eliminar toda a negatividade existente. Podem usar-se vários procedimentos para atingir esse nível necessário. Recomendo-lhe o uso da meditação e dos exercícios constantes do primeiro volume dos Compêndios Esotéricos Connolly, *Karma Without Stress*. Raramente se compreende que as tendências negativas, existentes em nossa consciência de todos os dias, nos tolhem de alcançar o nível correto indispensável ao desenvolvimento psíquico.

Depois que a mente se aclara e você se dispõe a aceitar sua posição atual, o caminho cármico lhe apresentará muitas avenidas de expressão esotérica. Quando estiver estudando os procedimentos, não se esqueça de que precisará de tempo para desenvolver-se até chegar ao nível que deseja. Em muitos casos esse tempo poderá ser o de uma vida inteira.

Tenha paciência consigo mesmo e saiba que cada passo que der o deixará mais próximo da meta original. Ainda que você esteja atualmente usando suas capacidades psíquicas, poderá achar vantajosa a abordagem básica organizada. Os professores também podem utilizar esse currículo estruturado para os novos alunos esotéricos. Se você está agora realizando explorações pela primeira vez, desejo-lhe feliz acesso às maravilhosas possibilidades do desenvolvimento psíquico pessoal.

Iniciando o seu desenvolvimento psíquico

O desenvolvimento psíquico começa com uma visão totalmente nova da vida – uma nova e fresca abordagem, que se obtém apagando, primeiro, todas as tendências negativas e substituindo o seu nível consciente por novas e brilhantes possibilidades; estendendo o seu processo reflexivo além de suas próprias necessidades imediatas; e não limitando seus pensamentos a si mesmo, ao seu lar ou à sua nova situação de trabalho. Você já é um perfeito experto em fazê-lo!

Para levar a efeito esse exercício, em vez de permitir que seus pensamentos adejem de um lado para outro, concentre toda a sua atenção em outra pessoa. Essa pessoa não deverá estar próxima de você emocionalmente. Deverá ser alguém a cujo respeito você saiba pouca coisa ou nada. Talvez alguém que more na sua rua. Alguém que você viu num *shopping center*. Talvez uma pessoa no escritório com a qual você ainda não teve muito contacto.

Este exercício o tirará fora do seu processo reflexivo normal. Depois que você for capaz de fazê-lo com pouco ou nenhum problema, já terá meio caminho andado na direção do seu desenvolvimento psíquico. Não precisa mais do que de uma imagem consciente da pessoa em que vai se concentrar. A partir desse ponto estenda a sua mente e coloque seu processo reflexivo normal na imagem da pessoa que você não conhece.

Acautele-se contra a interferência da sua própria mente! Simplesmente por não ter informação alguma com que possa lutar e trabalhar, a mente consciente se esforçará por desviar sua concentração para outro lugar. Se isso acontecer, e quando acontecer, volte simplesmente a concentrar-se com delicadeza e não tome conhecimento da tração automática do seu nível consciente.

Exercício 1: concentração a longa distância

1. Relaxe simplesmente numa cadeira ou deite-se num divã e traga a imagem da pessoa diretamente para diante do seu Olho Interior (localizado no topo do nariz, entre as sobrancelhas).
2. Sem nenhum esforço indevido, veja a pessoa como já a viu antes.

3. Agora mude a expressão da pessoa. Veja-a sorrir, e retenha a imagem por um momento.
4. Agora veja-a rir-se e, se lhe for possível, imagine poder ouvi-la rir-se. Retenha também essa imagem por uns poucos momentos.
5. Sem ainda tirar os olhos do rosto, veja agora a pessoa parecendo relaxada e preocupada. Tente sentir a energia que a envolve.
6. Sinta, se puder, o puxão das responsabilidades dela. Como é que você se sente? A pessoa está feliz? Sim ou não?
7. Você gosta do que está sentindo?
8. E a pessoa? Está contente? Que é o que ela aguarda com tanta ansiedade?
9. Inunde agora a sua imagem de Luz BRANCA e imagine o seu Olho Interior fechando-se mansamente.
10. Você sentiu realmente as energias vibratórias da pessoa?
11. Você foi capaz de reter sua concentração a longa distância?

A experiência com esse exercício poderá ajudá-lo inicialmente a projetar sua mente consciente além do alcance normal. O simples fato de você sair fora de si mesmo e colocar a sua concentração diretamente sobre outra energia é valioso.

Quando dormimos, a mente consciente rejuvenesce. Quando devaneamos, experimentamos o mesmo efeito terapêutico. O exercício da concentração a longa distância alertará sua consciência superior fazendo-a participar. Ao terminar este exercício, ponha por escrito sua experiência e não admita a interferência da mente consciente. Anote tudo isso em seu diário imediatamente e recuse-se a registrar o que quer que seja proveniente do nível consciente normal. Em pouco tempo conseguirá destacar-se na concentração a longa distância. O valor deste exercício é duplo:

1. Ele leva a concentração para fora de você e lhe permite experimentar o deslocamento das energias quando você coloca cem por cento de concentração em alguém que não conhece muito bem.
2. Em segundo lugar, a prática contínua deste exercício não tardará a acelerar seu desenvolvimento psíquico. Depois que tiver dominado completamente a técnica de extrair deliberadamente seu próprio processo reflexivo e transferir suas energias para outra pessoa, você começará realmente a sintonizar a força vibratória que envolve a citada pessoa. Dessa maneira você estará sintonizado com uma força vibratória situada fora de você mesmo. Esta sensação única é um sinal seguro de atividade num nível de consciência mais elevado.

Capítulo 2

O segredo da ordem básica

A lei natural da "ordem" desempenha papel importante no desenvolvimento psíquico. Se bem o fato seja freqüentemente negligenciado, sem a ordem e a disciplina pessoais é virtualmente impossível sintonizar as energias superiores. O desejo de desenvolver os sentidos esotéricos por si só não basta. Quando você pensa exatamente no motivo por que deseja que isso aconteça, tudo se torna claro como um cristal.

O homem é cercado por um desarranjo das atividades cotidianas. Para iniciar o seu crescimento espiritual precisa, primeiro, controlar seu nível atual. Isso requer disciplina e esforço pessoais. Para conseguir algum sucesso no desenvolvimento psíquico é mister trabalhar a partir de um ponto de equilíbrio. Não se podem corrigir, evidentemente, todas as situações. A vida está cheia de desafios constantes. Consideremos o que é possível e o que é necessário.

Exercício 2: os dez pontos do equilíbrio inicial

1. Reconheça tudo exatamente como é neste momento.
2. Aceite as situações que não pode mudar.
3. Comece imediatamente a mudar o que pode mudar.
4. Faça novas bases sólidas e metas realistas.
5. Acalente essas metas diariamente e recuse toda e qualquer influência negativa.
6. Tenha fé total em si mesmo. Acredite em você.
7. Assuma um interesse novo pela sua saúde física.
8. Aceite ser quem é e compreenda suas próprias necessidades.
9. Lembre-se do motivo por que está fazendo essas coisas. Lembre-se do seu desejo de desenvolver-se espiritualmente e assumir o pleno comando.
10. A chave é o equilíbrio, o equilíbrio em tudo. A partir desse ponto você desenvolverá sua capacidade psíquica e encontrará o seu "Elo faltante".

Os seus dez pontos de equilíbrio inicial lhe fornecem um trampolim elástico para o sucesso. Esses dez pontos vitais de disciplina fortalecerão sua vida diariamente. Guarde consigo uma cópia dos dez pontos e certifique-se, todos os dias, de que está percorrendo o caminho do sucesso futuro.

Compreenda a lei da Ordem. Para lograr êxito na subida a nível superior da consciência, você precisa estar no firme comando da vida. Somente desse ponto de equilíbrio poderá alçar-se às energias superiores e conhecer, sem a menor sombra de dúvida, que suas bases sólidas lhe proporcionarão aquilo de que você precisa para desenvolver uma capacidade psíquica verdadeira.

O poder de concentração

Existem muitas áreas da vida que não estão ao alcance de todos nós. Pode ser necessária uma habilidade ou um talento particulares para nos inabilitarmos a participar de certa área. Entretanto, por estranho que pareça, existe uma força vital que todos podemos usar e que poderá modificar sua vida inteira! Ela se chama o Poder de Concentração.

Os grandes líderes espirituais, como Jesus, Moisés, Confúcio e Buda, valeram-se do Poder de Concentração para operar milagres. Concentrar-se significa coligir ou concentrar os próprios pensamentos, esforços, etc.; aumentar a força, a densidade ou a intensidade; uma atenção próxima ou fixa. Fazer essas coisas na vida de todos os dias é ter a capacidade de concentrar-se à vontade em qualquer aspecto da vida.

O simples ato de concentração produz uma força magnífica que a mente consciente extrai das energias universais. Normalmente, a mente consciente lida com muitas atividades. Por conseqüência, é interrompida de contínuo. Inicia-se o Poder de Concentração quando o nível consciente é forçado a excluir outros modelos de pensamento. Pelo simples fato de liberar a sua concentração você tem acesso, automaticamente, à Consciência Superior.

À medida que você impede que a consciência prossiga em sua função normal, ela imediatamente muda de direção. O Poder de Concentração estimula a Consciência Superior, obrigando as energias do Universo a iniciar e produzir os resultados desejados. Os atos regulares ou prolongados de concentração criarão em você uma energia nova, vital – esse maravilhoso Poder de Concentração.

A arte da visualização

Por si só, o Poder de Concentração não é habitualmente considerado um meio efetivo de obtermos aquilo de que necessitamos na vida. Essa é uma força poderosa que pode dar resultados. Mas o simples conhecimento do modo com que você a utiliza não é suficiente.

Faz-se mister um ingrediente vital, a saber, a capacidade de visualizar. Sem a visualização, o Poder de Concentração torna-se inadequado. A visualização é o passo psíquico que se dá após a imaginação. As crianças usam livremente a imaginação e, mercê da sua concentração intensificada, podem realmente experimentar uma realidade esotérica. As crianças desenvolvem a seqüência da imaginação enquanto brincam. Cada situação é manufaturada no momento da visualização. Depois que elas se retiram da experiência, deixam-na suspensa para um acesso ulterior. Chamamos a isso "faz-de-conta" ou "imaginação infantil". É isso mesmo, e a criança foge para a realidade por ela mesma criada à vontade. Infelizmente, e inocentemente, as crianças fecham logo as portas do mundo maravilhoso da possibilidade infantil. Somos maleáveis e flexíveis e, sem muita resistência, logo aprendemos outras maneiras de brincar.

A Arte da Visualização dá acesso ao Poder de Concentração. Para alguns adultos, é um processo relativamente fácil. Outros podem achar difícil liberar os padrões familiares de restrição. Tais restrições, feitas às vezes por si mesmas, são, às vezes, impostas por obrigações e relacionamentos.

Tornar-se alguém um verdadeiro experto em visualização é muito simples. O uso de caneta e papel torna-o facílimo. Imagine que você está escrevendo um roteiro de cinema. Faça o rol dos personagens e descreva o ambiente, o cenário e a situação. Descreva brevemente o que você quer que aconteça – a história. Quanto menos pormenores tiver, tanto maior será a visualização. Você talvez tenha de acrescentar algumas coisas aqui e ali e eliminar minúcias desnecessárias. Depois que estiver bem próximo do que deseja, poderá utilizar-se da visualização. Comecemos com um processo gradativo.

Exercício 3: como utilizar o seu poder

1. Obtenha uma imagem clara e concisa do que você quer. Ponha as particularidades por escrito. Chamaremos a essa imagem o seu PLANO.
2. Depois que você tiver decidido exatamente como quer que aconteçam as coisas, pense no plano com freqüência. A qualquer momento, em qualquer lugar, deixe que seus pensamentos toquem o plano – lavando pratos, relaxando depois do jantar, etc. Não desperdice nenhum tempo livre valioso! Quanto maior for a dose de energia com que você contribuir para o plano, tanto mais fácil se tornará para você visualizá-lo.
3. *Pingos de energia* são os momentos em que você pode ficar sozinho e sossegado. Escolha, pelo menos, dois pingos de energia por dia.

4. Sentindo-se relaxado, concentre-se diretamente em seu plano, resistindo ao impulso de deixar os pensamentos extraviarem-se.
5. Agora visualize a situação que você criou. SINTA FUNDIREM-SE A CONCENTRAÇÃO E A VISUALIZAÇÃO. Enquanto isso estiver ocorrendo, você estará em pleno processo de usar sua energia psíquica. Quando a CONCENTRAÇÃO e a VISUALIZAÇÃO SE FUNDIREM você estará no ato de utilizar o seu Poder de Concentração, que se porá, *no mesmo instante*, a trabalhar no sentido do seu PLANO.
6. Retenha esse nível o maior espaço de tempo que lhe for possível, pois você estará usando agora o seu Poder de Concentração. A cada *segundo*, estará no ato de manifestar seu PLANO.
7. Em pouco tempo, sua Consciência Superior assumirá o comando e se porá a extrair da força universal a força de que você precisa para o plano.
8. Lembre-se de visualizar uma imagem viva e real. Veja tudo isso ocorrendo. Sinta-se no centro do PLANO. Saiba, sem dúvida de espécie alguma, que você está criando seu próprio Poder de Concentração e que está tornando o PLANO manifesto.

O fato de você pensar nas coisas antes de fazer o plano final determinará a rapidez com que o seu Poder de Concentração trabalhará para você. Procure não tornar o plano movimentado demais. Certifique-se de que ele está inteiramente concentrado numa determinada questão. Se você colocar um excesso de minudências no quadro tornará necessários uma energia extra e um período de tempo mais longo antes de compreender os resultados. À proporção que progredir e tornar-se proficiente no emprego do seu poder, poderá ter dois planos diferentes trabalhando para você ao mesmo tempo. Ser-lhe-á preciso, naturalmente, fixar pingos extras de energia. Necessitará de um mínimo de dois pingos de energia por dia para cada plano.

Pode-se considerar o tempo envolvido como sendo mais do que benéfico. A prática constante de atingir a Consciência Superior não somente resultará na maturação do plano mas também se tornará uma parte essencial de todo o seu desenvolvimento psíquico. O fato de você assumir o comando e participar da sua própria tomada de decisões o colocará à frente do processo. Desde essa posição, poderá, então, fazer opções e construir raízes firmes e sólidas para o seu futuro.

Capítulo 3

A importância do conhecimento intuitivo

Os sentimentos e a percepção naturais desempenham, na verdade, um papel importante no seu desenvolvimento psíquico. A intuição é alguma coisa com a qual nascemos. É um sentido de conhecimento direto sem o uso consciente do raciocínio. Falando de um modo geral, as pessoas evitam usar a intuição. Elas não aprenderam a confiar no seu instinto natural. A menos que tenham provas, o nível consciente tende a rejeitar a reação intuitiva. O conhecimento intuitivo normalmente é discutido após o ato. Com um sorriso, alguém faz alusão ao modo com que se deu conta de alguma coisa antes que essa alguma coisa acontecesse, o que é quase considerado um traço insólito do pensamento, porque parece que tais coisas não ocorrem com muita freqüência.

Como parte essencial do seu desenvolvimento psíquico, você precisa tomar nota desses tipos de ocorrências. Deixe-me explicar por que seus sentimentos intuitivos são importantes. A todos os momentos, sua Consciência Superior transmite dados ao seu nível consciente. Em raras ocasiões, o nível consciente cotidiano dá lugar à entrada das Energias Superiores. Isso parece acontecer especialmente quando se está verificando alguma coisa traumática, se bem que, em outras ocasiões, você poderá receber informações insignificantes sem nenhuma razão aparente.

Que é o que está acontecendo? Temos dois exemplos simples, um traumático e outro não-traumático. Como funcionam esses poderes intuitivos sem o seu controle aparente?

Em primeiro lugar, você precisa aceitar a intuição como parte do seu desenvolvimento psíquico. Não importa que você se considere, ou não, intuitivo. Toda a gente possui intuição. Como funciona ela e como pode você incentivá-la a funcionar?

O estabelecimento de contactos

O universo fervilha de informações. Seu aparelho de televisão fica num canto da sala e, a não ser que você o ligue, mostra uma tela vazia e permanece totalmente silencioso. Se você ligar o aparelho, terá, ao mesmo tempo, imagem e som. Poder-se-ia até chamá-lo de milagre moderno. Um engenheiro competente pode explicar-lhe o funcionamento mas, para o não-iniciado, ele continua a ser um milagre. Milagres aparentes são amiúde considerados como coisa assentada. As pessoas assistem aos programas de televisão ou ouvem programas de rádio sem um segundo pensamento. Não obstante, elas têm dificuldade para aceitar fenômenos psíquicos.

Importa não esquecer que a possibilidade de cada descoberta nova, desde a eletricidade até a complexidade tecnológica dos dias atuais, sempre existiu. Antes de ser conhecida, a possibilidade já existia. As energias esotéricas também existem e, à medida que o homem progride, todos os dias se descobrem novas maneiras de usar esses poderes. O homem, quando descobre técnicas novas e maravilhosas, utiliza o poder do cérebro e mais a intuição.

O nível consciente está costumeiramente ativo pensando nisso e naquilo. Durante o trabalho ou o negócio normal, você aplica tudo o que é necessário para completar a tarefa. Se tiver a sorte de estar fazendo exatamente o que quer e de ganhar a vida com o emprego dos seus talentos naturais, estará combinando capacidade mental e intuição.

Todo o mundo tem o talento inerente. A maioria das pessoas, porém, jamais atinge todo o seu potencial. Muitos artistas, autores, músicos, por exemplo, perdem-se para o mundo por causa de antecedentes sociais ou do destino cármico. A despeito disso, o potencial ainda existe. Esse conhecimento está disponível na Consciência Superior.

Você pode sentir que possui um talento não utilizado, mas que o seu estilo atual de vida o impede de explorá-lo. Cercado por suas obrigações, manipula grande quantidade de energia ao negar a si mesmo a oportunidade de investigar seus talentos natos. Esse é o nível consciente em ação.

Vislumbres de intuição ocorrem quando o Eu Superior acha que você devia ter conhecimento de determinada situação. Circunstâncias traumáticas dão a impressão de estar paralisando momentaneamente o processo do raciocínio. Quando isso acontece, a Consciência Superior apresenta e emite uma forma diferente de energia. Essa forma ou estrutura de pensamento, na realidade, é uma espécie de "conhecer". No que se diria um segundo fugaz, o nível normal da consciência recebe uma informação até então desconhecida.

Por intermédio dessa forma de Energia Superior você pode também estabelecer contacto com almas que já passaram desta vida. Isso geralmente acontece quando você está cansado ou com sono. Muitas vezes, o impacto é tão forte que o desperta. Rapidamente, as Energias Superiores permitem não somente a visão mas também o som, porque você, dormindo, não resiste à força que chega.

Quando o corpo está totalmente relaxado no sono, aumenta a capacidade de funcionamento do Eu Superior. Quando sente o surto, o corpo desperta de repente e é capaz de compreender a razão do impacto. Se você permanecer adormecido, a força da energia influi no processo do sonho, que deixará uma lembrança indubitavelmente vívida quando você acordar.

A expansão do seu mundo

É surpreendente o grande número de pessoas que vivem dentro das próprias autolimitações. Como o cavalo a que se aplicaram antolhos, a pessoa vai à frente sem olhar para a direita nem para a esquerda. O exercício do nível consciente pode levar-nos além de tais restrições. Se você expandir o seu mundo dessa maneira estará dando um passo emocionante no seu desenvolvimento psíquico.

Nunca estará tão ocupado que não possa dar o passo seguinte. Na próxima vez em que olhar para uma flor, expanda o seu mundo. Pense na cor, no perfume, na forma e nos cuidados que teve a natureza para criá-la. Vá além do que normalmente percebe. Veja uma criança como uma alma com um destino cármico. Pense em todo o potencial e no propósito futuro da criança. Tente sentir os talentos ocultos e a sabedoria passada que a alma experimentou. Estenda-se e expanda-se em seu novo mundo.

Faça perguntas a si mesmo e procure abrir a mente para a sua Consciência Superior. Busque descobrir o que você é, o que trouxe consigo de outra vida. Esteja totalmente aberto aos sentimentos dos outros. Verifique se pode sentir um elo entre vocês. Já estiveram juntos antes? Olhe demoradamente para o lugar onde vive. Sente-se bem nesse ambiente? É possível que tenha vivido antes nesse mesmo lugar? Se não, onde mais viveu? Se tivesse completa liberdade para viver onde bem entendesse, onde seria isso? Agora não dê atenção ao nível consciente. Siga além disso, derrube as barreiras que encontrar, e consinta que o seu Eu Superior o leve exatamente para onde você pertence. Recuse-se a aceitar as coisas presumivelmente assentadas. Vasculhe-o e goze o redescobrimento do seu próprio mundo expandido.

Quando você se olha no espelho vê um reflexo de si mesmo. Olhe cuidadosamente para o rosto. É um rosto feliz? Ou você parece deprimido ou desinteressante? O modo com que olha é o modo com que os outros o vêem. Se você não está muito impressionado, comece agora e modifique o seu modo de pensar e o seu modo de sentir. O seu reflexo no espelho lhe mostrará quão bem você está expandindo o seu mundo.

Cela confortável

Até que ponto a sua cela é confortável? Você está cercado de uma sensação apática de contentamento? Balança-se na cadeira de aceitação e desliga-se dos verdadeiros sentimentos? Você está com medo de abrir a porta da oportunidade? Não ouve o sucesso dos outros lá fora? É essa a sua vida? É isso que você quer?

O controle da sua vida é um passo necessário do desenvolvimento psíquico. A partir do centro de quem você é, estende-se uma força que denota uma identidade vibratória misteriosa. Você é conhecido pela sua "luz". Essa luz é a medida do esforço de vida. Semelhante a uma chama, estende-se para atingir dimensões espirituais. O Eu Superior é energizado por essa chama e o nível consciente se mistura com a Força Universal.

Sua cela confortável é pequena ou coarctante? A fim de continuar o seu desenvolvimento você precisa sair pela porta da oportunidade. O seu destino cármico está esperando. Se você se sente fechado, porque a vida não lhe ofereceu muita coisa, compreenda que a vida não é o seu benfeitor. A oportunidade está em toda a parte. Ela vem, toca-o e segue o seu caminho. Você precisa estar lá para agarrá-la. Examine cada oportunidade possível, e examine-a bem. Você não sofrerá nenhuma penalidade se sentir que ela não lhe pertence. Outra, e mais outra, estarão sempre por perto. Muitas pessoas se sentem desencantadas porque perderam uma oportunidade. A vida está sempre cheia delas, mas você nunca saberá disso se permanecer em sua cela confortável. Pense em todas as pessoas que conheceram o sucesso. O segredo do sucesso estava em reconhecer a oportunidade. Uma coisa leva a outra. Você precisa fazer esse primeiro esforço. Não tenha medo de que a roubem; nem todo o mundo está procurando a mesma oportunidade! Ao expandir o seu mundo, você estará expandindo também o seu entusiasmo e a sua força interior. Nunca é tarde demais para recomeçar – e recomeçar, e recomeçar.

Saia da sua cela confortável. Respire o ar fresco da nova oportunidade. Nada mudará se você mesmo não operar a mudança. Você pode virar sua vida do avesso reconhecendo primeiro a sua alma maravilhosa. Pense nas inúmeras crueldades que você infligiu a si mesmo. Ponha mais alegria em sua vida. As coisas materiais não são feitas de alegria. A substância da alma anima todo desejo profundo. É tempo de viver, é tempo de recomeçar. Agora, agora mesmo, comece a clarear o caminho para o seu novo desenvolvimento psíquico. Afinal de contas, se você não consegue controlar sua vida numa base diária, como pode esperar abrir sua consciência superior para situações grandes e maravilhosas?

Abra as portas da oportunidade. Descubra novas situações, novos rostos, o novo "você". Esteja alerta a tudo que cruzar o seu caminho cármico. Olhe, pense, analise e depois decida. Use sua nova força, que lhe trará o poder que você deseja. Não importa quão muito nem quão pouco você possui; esta é a primeira regra. O que realmente importa é que você se renove, se retempere e se encha de energia nova. A idade não tem importância, o dinheiro não tem importância, mas você tem.

Saia do conforto da sua cela. Olhe sempre em frente e veja a beleza toda à sua volta. Reflita sobre tudo o que você, de uma feita, considerou resolvido. Avalie o que tem, e conheça que tudo é possível se você estiver disposto a reconhecer seu próprio poder e identidade pessoais. O mundo é grande. Você tem andado contente com a sua pequena cela confortável? Aclare sua visão, abra os ouvidos e prove sua nova espiritualidade. Deixe saírem os seus medos. Esteja preparado para fazer alguma coisa a respeito de sua vida. Modifique as coisas hoje, que o amanhã o deixará mais próximo das suas metas.

Faça tudo o que puder para clarear o seu caminho cármico:

Peça desculpas.	Perdoe.	Libere.	Devolva.
Mude de emprego.	Seja livre.	Esqueça.	Recomece.
Afaste-se.	Volte.	Recomece.	Não tema.
Sorria.	Relaxe.	Tenha fé.	Expanda seu mundo.
Mude.	Aja.	Não se lamente.	Ame-se.

Acrescente a essa lista qualquer outro aspecto de sua vida que precise de atenção e de cura. Assim que se puser a agir em relação a essas coisas, você escapará da sua cela confortável. Simples processos de meditação eliminarão completamente toda e qualquer negatividade remanescente. (Veja *Karma Without Stress*.) Há tanta coisa na vida que se pode fruir e explorar!

Agora estamos numa planície aberta, de possibilidade real. Temos muita coisa para ver e compreender. Você está pronto para encetar o seu desenvolvimento psíquico. Lembre-se de que a oportunidade não é uma coisa que só acontece aos outros.

Capítulo 4

Oráculos

Oráculo é um anúncio divino, recebido de uma divindade, por um médium ou um sacerdote e através dele. No templo de Apolo, em Delfos, as sacerdotisas do deus se chamavam *Pítias*. Esse nome se devia à enorme serpente denominada píton, que Apolo matou quando chegou pela primeira vez a Delfos. A Pítia entrava em transe e os sacerdotes do templo lhe interpretavam as informações (oráculos). Os visitantes do templo formulavam perguntas a respeito dos oráculos e os sacerdotes davam as respostas, à proporção que a Pítia as recebia. Dizia-se que, em seu transe, a Pítia recebia sua sabedoria diretamente de Apolo.

Essa sacerdotisa, evidentemente, era uma médium. Entrava em transe e a voz de Apolo dava a informação aos que lhe buscavam a ciência. A técnica oracular é usada em vários procedimentos de adivinhação. Depois de aprender o modo de usar os instrumentos divinatórios, os seus sentidos intuitivos principiam a desenvolver-se. Fazendo perguntas pertinentes e usando em seguida um procedimento de adivinhação, os instrumentos sagrados lhe fornecem os meios de traduzir as respostas utilizando seus poderes intuitivos.

O médium

O médium permite que a mente e o corpo sejam tomados por uma entidade. Esse método de contacto requer treinamento especializado e também muita fé na fonte espiritual. O médium aprende a desenvolver um relacionamento e compreensão com um ser espiritual.

A natureza da mediunidade também varia. Alguns médiuns têm um grupo de entidades que relatam o seu próprio tipo de informação. Outros podem ter apenas um companheiro ou guia espiritual. Em regra geral, o propósito da entidade ao manifestar-se através de um médium é específico. Pode ser a cura, a filosofia, a orientação ou a mediação entre os dois mundos. Num caso como este, o médium é capaz de abrir-se e permitir que diferentes espíritos se manifestem através dele, transmitindo mensagens de apoio e/ou de importância à pessoa que procura a informação.

Um médium que ostente tais capacidades espirituais é chamado normalmente de *médium de transe*. Há muitos outros tipos de médiuns. Cada qual tem sua especialidade de comunicação. O médium de transe raramente se vale dos instrumentos da adivinhação. Esse médium é capaz de transferir sua consciência de tal maneira que o espírito usa o corpo físico do médium para falar, curar, etc.

Durante o tempo em que o espírito entra e ocupa o corpo físico do médium, a alma deste último é freqüentemente levada para outro lugar. De ordinário, os médiuns não têm conhecimento do que ocorreu no plano físico. Em meus anos de pesquisa, muitos me falaram dos locais especiais para onde são levados, tais como, por exemplo, um jardim ou um lugar de repouso. Alguns se referem às instruções que recebem, e outros falam em formosos locais de cura e rejuvenescimento.

Como se pode ver, tal gênero de mediunidade tem, realmente, o propósito de ajudar os outros e dá ao médium muita satisfação. O que pode ser considerado uma vocação, visto que o médium devota seu talento e capacidades aos que lhe pedem ajuda. Está claro que o fato de não ter conhecimento da informação transmitida pode ser frustrante. Não obstante, muitos médiuns gostam desse tipo de vocação espiritual. Se você se sentir inclinado a saber mais, procure uma fonte bem conceituada de informações e/ou de treinamento. A simples posse de um dom natural não é satisfatório por si só. Um bom corredor precisa treinar para tornar-se um atleta. Da mesma forma, recomendo-lhe que faça todas as indagações sobre o desenvolvimento de um médium de transe a uma fonte profissional estabelecida.

Tenho para mim que as tendências naturais de um médium de transe são específicas. Felizmente, no campo da parapsicologia existem professores e programas de treinamento dignos de confiança para ajudar as pessoas. O estudante pode sentir-se confuso se não compreender que possui um dom inteiramente diverso do que está estudando.

A clariaudiência, por exemplo, é a capacidade esotérica de ouvir vozes. Joana d'Arc tinha esse dom. Tais vozes não são ouvidas por mais ninguém. Podem surgir dificuldades quando um estudante, que manifesta realmente o dom da clariaudiência, depois de uma mudança na mente consciente, sente-se compelido a acrescentar a palavra falada. Quando isso acontece, o aspirante a médium, confuso, sente-se pressionado. Sabendo-se capaz de ouvir alguém que procura fazer contacto, o estudante pode lutar, tentando induzir seu próprio nível ao transe.

Eis aí por que é importante procurar conselhos e treinamento profissionais. Um bom professor determina exatamente o potencial psíquico que o estudante pode ter e oferece um programa de treinamento adequado.

Há dois campos distintos de comunicação esotérica.

1. Mediunidade natural

Existem médiuns com capacidades naturais de mediunidade, que se comunicam diretamente com os espíritos e mostram competência nos vários tipos de mediunidade.

2. O método oracular

Outros empregam o método oracular de adivinhação. Comunicam-se com os espíritos usando vários instrumentos divinatórios escolhidos para instigar e estabelecer uma ligação. E através desses instrumentos, interpretam as informações e a sabedoria da fonte espiritual.

A diferença essencial que se observa entre os dois métodos de comunicação esotérica é que o médium natural estabelece um contacto direto. O outro alcança a mesma fonte, mas se vale de procedimentos divinatórios para traduzir e determinar as informações e a sabedoria recebidas.

Um fator importante usado nos dois procedimentos é a intuição. Para empregá-la, você precisa ter-se livrado da negatividade auto-imposta. Nunca se encarecerá o suficiente o quanto aumentará a sua sensibilidade se você utilizar os exercícios preliminares. Outros exercícios e meditações (veja *Karma Without Stress*) podem ser empregados a fim de eliminar os resíduos de tendências negativas.

Capítulo 5

A pedra filosofal

Existe talvez um sem-número de processos antigos de adivinhação. Alguns ainda são usados, ao passo que outros se extinguiram com o tempo. Ao mesmo passo que se desenvolveu, o homem efetuou a adaptação de alguns processos velhos ao descobrir instrumentos divinatórios contemporâneos para atingir propósitos semelhantes.

A mais misteriosa de todas as práticas divinatórias talvez seja a arte da Alquimia – a capacidade de converter metais vis em prata e ouro. Sabemos que os antigos egípcios trabalhavam excelentemente os metais. Possuidores de grandes conhecimentos, acreditavam que havia propriedades esotéricas capazes de provocar uma mudança mística quando se combinavam determinados metais. Esse processo requeria o uso da Pedra Filosofal, técnica misteriosa que alcançou o seu apogeu durante a Idade Média. Essencialmente relacionada com a interpretação oculta, a alquimia tinha três aspectos separados: o Céu, a Terra e o Homem.

Conquanto se saiba que a alquimia foi testada e usada, os seus verdadeiros praticantes dissimularam-na com o máximo sigilo. Através dos séculos, houve quem afirmasse ter tido algum êxito na transmutação de metais básicos. A alquimia é considerada por muitos entendidos como a precursora da química, tal qual a conhecemos nos dias de hoje.

Podemos ter uma idéia da complexidade e da possível origem das práticas esotéricas que evoluíram a partir dessa técnica secreta. A pedra filosofal contém a essência da vida e é um símbolo único. Sabemos que, no entender dos alquimistas, ela continha os verdadeiros elementos dos quais se originavam todos os outros metais.

O tempo e a natureza do homem levam a cabo movimentos sutis, que amiúde passam despercebidos se não forem estudados minuciosamente – transferência de crenças e fusão gradual de um aspecto desconhecido em outro; relutância em deixar passar um conceito original não explicado e transformação gradativa que propicia nova introvisão. Nesse meio-tempo, o relógio tiquetaqueia pelos séculos fora e, aos poucos, nasce outra teoria sem parecer ter ameaçado ou demolido a teoria original. Foi o que aconteceu com a pedra filosofal.

Existem, na realidade, *duas* pedras filosofais, uma usada na arte antiga da alquimia, e outra, que contém a essência mística da vida. Sem embargo disso, elas são a mesma! Mas o tempo velou misteriosamente a prática original da alquimia. Foi assim que, relutantes, os estudiosos do esoterismo, no transcorrer dos séculos, passaram a encarar a pedra filosofal como um vaso que encerra o segredo sagrado da vida.

A partir dessas duas teorias, o estudioso sério pode ver o modo com que o homem, no transcorrer do tempo, forcejou com firmeza por alcançar a essência de Deus, tanto prática quanto espiritualmente. A união mística do espírito e da matéria tem sido reconhecida e colocada num símbolo esotérico que conhecemos como a pedra filosofal.

Escreveram-se muitas obras interessantes sobre a antiga pedra filosofal. Algumas pessoas afirmam ter sido bem-sucedidas na transmutação de metais básicos. Outras dão grande ênfase ao aspecto espiritual da questão.

Sua pedra filosofal pessoal

O fato de escolher uma pedra ou uma rocha, e reconhecer a essência de Deus dentro dela, pode proporcionar-lhe um eficiente instrumento espiritual. O tocar a rocha ou o meditar sobre ela, visualizando a essência da vida que existe no seu interior, pode ser a base do seu desenvolvimento psíquico.

A rocha vem da natureza. Não se quebra com facilidade; representa força. À diferença da flor, que logo murcha, continua firme e sólida. Escondida dentro dela está a essência da criação, da qual você faz parte – pois a essência do divino está em tudo. O mesmo é usar sua própria pedra filosofal e criar seu próprio simbolismo místico. Ela se torna sua representação espiritual pessoal.

A luz da vela que bruxuleia sobre sua pedra filosofal pode ser inspiradora. Torna-se um ponto focal importante. A decisão de ter sua própria pedra filosofal depende, naturalmente, de sua capacidade de admitir essa possibilidade. É como olhar para uma fotografia de alguém que amamos. Nosso olhar afetuoso e nossos ternos sentimentos não são despertados pela fotografia em si – mas por que ou por quem a fotografia representa. Sua pedra filosofal funcionaria da mesma maneira.

Ela simboliza força e propósito, proteção e sabedoria. Usa-se para ressaltar outras atividades espirituais. Símbolo pessoal, sua pedra filosofal não precisa da crença alheia – exatamente como as pessoas usam feitiços e outros objetos para concentrar seus sentimentos. Não é um instrumento sagrado nem uma relíquia, senão um ponto de partida de comunicação espiritual. A partir da fonte e do poder espiritual de sua pedra você pode alargar todas as possibilidades do seu caminho cármico. Pode erguer novas torres de força pessoal. Pode estabelecer metas novas e emocionantes. Pode inspirar motivações futuras.

Você terá tudo isso quando usar alguma coisa que puder segurar e ver. As religiões são símbolos espirituais de fé e força pessoais. Seja qual for a sua escolha ou o seu credo religioso, todos esses símbolos oferecem o Elo faltante. Sua escolha pode ser sua pedra filosofal.

Como criar a sua pedra filosofal

A primeira coisa que você precisa fazer é encontrar uma pedra que sinta ser conveniente para usar como pedra filosofal pessoal. Escolha-a com cuidado, visto que a usará por muito tempo. O que quer que lhe pareça atraente trabalhará por você. Procure sua pedra nas montanhas, na praia ou no campo. Se preferir comprar alguma coisa muito especial, encontrará tremenda profusão de cristais e rochas em lojas espalhadas por toda a parte.

Seja como for, escolha uma pedra substancial, uma pedra que se pareça exatamente com o que você imagina ser a sua pedra filosofal. Não se apresse e se esforce para conseguir precisamente o que quer. Se comprar sua pedra filosofal, poderá explicar o que está procurando, e os vendedores serão capazes, sem dúvida alguma, de consegui-la para você.

Sua pedra faz jus a lugar significativo em sua casa. Com isso quero dizer que ela não deve ser enfiada em qualquer lugar. Afinal de contas, a exibição de uma pedra atraente pode ser considerada parte da decoração. Decida primeiro onde colocará a pedra e, em seguida, inicie a busca. A decisão sobre o lugar em que a pedra será colocada é importante. Seu nível consciente submete a informação à Consciência Superior e você sentirá a orientação interior quando estiver escolhendo a pedra.

A pedra deverá ser posta sobre um suporte de madeira, da espécie que se usa para colocar vasos e ornamentos caros. Cubra a parte superior do suporte com um pequeno pano[1] branco, sobre o qual deporá sua pedra filosofal. Depois que tiver obtido a pedra, prepare-a de acordo com o procedimento descrito no exercício seguinte.

1 Você pode usar um pano de sua Cor Anímica em vez de um pano branco, se quiser. Para determinar sua Cor Anímica, consulte *The Connolly Book of Numbers*, vol. 1, pág. 33.

A preparação da pedra

Lave a pedra em água morna. O modo antigo de preparar o banho do nenê é excelente – teste a água com o cotovelo. Não deverá senti-la nem quente nem fria. A temperatura deve torná-la quase imperceptível quando ela tocar a pele. Use um leve detergente líquido e um pano de pratos macio.

Depois enxágüe a pedra em água morna. Um frasco de vaporizador é ótimo para isso. Ou ponha a pedra numa peneira e enxágüe com água corrente. Depois que ela estiver completamente enxaguada, prepare uma toalha BRANCA limpa e coloque a pedra na toalha. Pula os cantos e espere secar. Quando a pedra estiver seca, esfregue-a delicadamente com o "pano da pedra". Use o pano da pedra para tirar-lhe o pó todos os dias. A sua pedra filosofal deve ser cuidada diariamente e mantida limpa. Uma camada de poeira impede as energias vibratórias de efluírem da pedra. O seu desempoar constante é como o renovar das baterias esotéricas.

O processo de limpeza original deve repetir-se anualmente, de preferência antes do Período de Transição anual. (Veja *The Connolly Book of Numbers*, vol. 2.) Durante esse período, os ciclos variáveis poderão afetar a pedra. O processo anual de limpeza a rejuvenesce e assegura que a sua energia não variará.

Exercício 4: o ritual da pedra

Esse belo exercício esotérico representa a reunião e a unificação do homem e do espírito. A concentração principia quando o nível consciente aceita a pedra filosofal como lugar ou receptáculo de luz espiritual. O Eu Superior torna-se, então, mais capaz de funcionar, enquanto transfere e libera energia para a sua fonte escolhida. Na execução deste exercício, você precisa dos itens seguintes:[2]

1. Quatro velas BRANCAS.
2. Um pano BRANCO.
3. Um pano PÚRPURA.
4. Um pratinho de água fria.
5. Uma toalhinha de mão BRANCA.
6. Uma almofada PÚRPURA.

2 Você pode usar sua Cor Anímica, em lugar do branco, no pano púrpura e na almofada. Para determinar sua Cor Anímica, reporte-se à pág. 38. (Ver nota.)

A palavra *ritual* significa uma forma estabelecida, uma maneira prescrita de cerimônia, que se usa para aplacar a divindade, um procedimento formalizado que envolve o desejo de obter bênçãos e presentes espirituais.

Escolha um momento em que poderá relaxar-se e fruir da criação da sua pedra filosofal. Num grupo de estudos o professor pode induzir os alunos a conseguirem suas pedras e escolher uma data especial para dirigir a cerimônia. A energia coletiva de um grupo de estudantes esotéricos cria uma magnífica experiência vibratória.

A atmosfera espiritual de amor e de alegria em estabelecer a sua própria pedra filosofal é recompensadora, quer você o faça sozinho quer o faça com um grupo. A escolha de um dia especial também tem suas vantagens. Torna-se o dia do aniversário da pedra filosofal e, se você compartir de outra ocasião especial na mesma data, isso dará a tudo um cunho ainda mais significativo.

Você pode querer queimar o seu incenso favorito e/ou tocar uma música especial. Antes de começar, certifique-se de que não será perturbado. Desligue o telefone, se for necessário. Tome um banho antes de principiar, vista roupas folgadas e leves. Leia a oração seguinte *antes* de dirigir a cerimônia.

Oração

Tenho o corpo limpo. Estou pronto para limpar e purificar a minha alma. Rogo a Deus que toda negatividade remanescente seja purificada e nunca mais volte. Sou um filho de Deus e conheço em minha alma que sou amado e protegido. Tira de mim todas as dúvidas ainda existentes, meu querido Pai. Libera todos os meus temores de modo que eu possa conhecer tua Luz celestial.

Sei que o Espírito divino está em toda a parte, dentro e em torno de mim. Procuro concentrar minha atenção no caminho do meu destino. Tenho-me desviado com demasiada freqüência do meu caminho por medo. Busco a Luz. Por um tempo demasiado longo permaneci na sombra. Agora estou pronto e peço hoje que minha visão espiritual seja clara. Rogo tua santa bênção em cada aspecto de minha vida. Enche, querido Pai, meu corpo, minha mente e meu espírito de teu amor e de tua sabedoria eternos.

Diante de mim está uma Pedra. Um símbolo que escolhi para encontrar o verdadeiro dom da espiritualidade. Hoje inicio a minha jornada de volta a ti. Com esta pedra, lembrar-me-ei sempre da tua eterna presença. Quando olhar para ela e a tocar, possa eu estar sempre consciente do Espírito Santo e da fiel promessa que te fiz no dia de hoje. Sou fraco mas em teu amor sou forte. Sei que estás em toda a parte o tempo todo. Venho agora em busca do conforto e da força espirituais. Seja esta pedra sempre abençoada e cercada apenas de meus puros pensamentos e ações. Dentro da minha Pedra estendo meu Templo sagrado. Peço que minha intenção pura seja abençoada e que minha Pedra seja um lembrete vivo do Amor Divino, da Sabedoria e do Poder. Possam quantos reconhecerem minha Pedra receber teu Amor e tua Força. Amém.

Preparativos finais

Importante: durante esta cerimônia, você deverá estar olhando para o Leste, na direção do sol nascente, o que foi sempre considerado benéfico pelos estudiosos esotéricos, pois significa olhar na direção "da mais pura representação da primeira emanação de Deus".

1. Coloque o seu pano PÚRPURA no centro.
2. Disponha em roda do pano quatro velas BRANCAS.
3. Conheça as posições do Norte, Sul, Leste e Oeste.
4. À esquerda, deposite uma tigela de água e uma toalha BRANCA e limpa de mão.
5. Coloque a almofada PÚRPURA onde você possa ajoelhar-se sobre ela.
6. À direita, ponha a sua pedra, embrulhada num pano BRANCO.

Se queimar incenso, ponha-o na direção do Leste, além da vela.

Solidificando a pedra

1. Após a oração, acenda cada uma das velas e repita as palavras seguintes:
   "Com o poder de Deus, alcanço o extremo Norte da Existência."
   "Com o poder de Deus, alcanço o extremo Sul da existência."
   "Com o poder de Deus, eu me coloco no mais sagrado de toda existência. Rogo humildemente que eu seja purificado na mente, no corpo e na alma, para poder permanecer na fonte da Primeira Luz."
   "Com o poder de Deus, olho para tudo o que tenho sido. Peço perdão e peço que a Luz sagrada do Leste caia sobre mim e permaneça comigo em todos os momentos. Amém."
2. Tire a pedra da sua mão direita ainda embrulhada no pano BRANCO. Com a mão esquerda, ponha os dedos na tigela de água e sacuda a água sobre a pedra embrulhada. Faça-o três vezes.
3. Apague cada vela por sua vez, começando com o Norte e, a seguir, apague as velas do Sul, do Leste e do Oeste.

4. Segurando a pedra embrulhada, diga:
"Concentro-me diretamente no centro desta Pedra. Procuro a Essência da Luz dentro dela."
5. Desembrulhe a pedra e deixe cair o pano BRANCO atrás de você. Em atitude reverente, ponha a pedra sobre o pano PÚRPURA, no centro das velas apagadas.
6. Mergulhe a mão esquerda e a mão direita ao mesmo tempo na tigela, que se encontra à sua esquerda, dizendo:
"Enquanto limpo minhas mãos, minha alma se eleva para a Luz pura."
7. Enxugue as mãos, devagar, na toalha BRANCA de mão.
8. Reacenda as velas, começando com o Norte e continuando com o Sul, o Leste e o Oeste.
9. Repita: "Com o poder de Deus dentro de mim, e a Luz eterna ao redor de mim, ilumino minha existência."
10. "Eu sou Tu, eu sou, eu sou Tu, eu sou, eu sou Tu, eu sou. Amém."
11. "Trarei esta Luz à Luz Viva, no interior da Pedra."
12. Estenda os braços bem alto acima da Pedra, com as palmas viradas para baixo, dizendo:
"Trago esta Luz para a Luz Viva, no interior da Pedra."
13. Espere alguns momentos. Permita que a nova Luz se expanda para todas as partes do seu corpo. Sinta a energia que passa através dos seus braços, que invade suas mãos e se irradia para baixo, para dentro da pedra.
14. Ajoelhe-se sobre a almofada PÚRPURA. Com as palmas das mãos abertas e viradas para cima, visualize-se no centro da Pedra. (Espere.)
15. Sinta a Luz que pulsa em torno de você. Sinta o poder da Luz que penetra cada uma das minúsculas rachas dentro da pedra. (Espere.)
16. Deixe sua necessidade sincera de Luz expandir-se pela pedra. Torne-se você o verdadeiro centro da pedra. Encha a pedra com o seu amor à vida e o seu desejo de Luz e de entendimento verdadeiro. (Espere.)
17. Você é o centro da Luz. Você é a fonte da força espiritual e do conhecimento. Sinta-se agora detentor de muito poder, que cresce, a pouco e pouco, até chegar ao seu tamanho físico normal. Você resplandece com a radiância da Luz Branca resplandecente.
18. Veja-se explodindo num arco-íris de magníficas cores brilhantes. A força espiritual o projeta para a frente e você se vê diante do seu corpo físico.
19. Entre ousadamente no interior do seu eu físico. Ao fazê-lo, sinta de pronto a onda poderosa de Luz Branca pura, que penetra em cada parte do seu corpo. (Espere.)

20. Você é a Luz Viva vinda da pedra. Você trouxe essa Luz a cada parte do seu corpo. Você está cheio de uma nova sabedoria. VOCÊ É O FILÓSOFO DA PEDRA. Você detém a chave para melhorar sua vida. (Espere.)
21. Você é a chave. Você é o Filósofo. Você é a Luz Viva no interior da pedra. Sua nova força espiritual lhe trará a sabedoria do seu caminho cármico. Tudo o que você pode realizar é uma parte da nova Luz que o cerca. Dentro da pedra está o puro reflexo de sua alma. A pureza da sua existência é a essência de Deus. Ela está protegida bem no fundo da sua Pedra Filosofal. (Espere.)
22. Repita: "Sou uma parte da Força Universal. Tudo o que sou é pura Luz, Amor e Força Espiritual. Sou o verdadeiro Filósofo e minha Pedra contém o reflexo do meu eu. No interior da minha Pedra se encontram toda a sabedoria e todo o conhecimento. Minha alma permanece na pura e não tocada Luz de Deus."
23. Continuando defronte da pedra, assopre cada vela por sua vez. Pegue a sua pedra e, erguendo-a bem alta no ar, repita:
"Eu sou Tu, eu sou. Eu sou Tu, eu sou. Eu sou Tu, eu sou a Luz dentro da minha Pedra. Eu sou uma parte de todo ser vivo. Permito alegremente à energia de Deus erguer-se dentro de mim. Estou cheio de força e poder espirituais. Usarei minha força e meu poder para guiar-me em todas as coisas. Já não sinto medo. Eu sou Tu, eu sou. Eu sou Tu, eu sou. Eu sou Tu, eu sou. Amém."
24. Deponha a Pedra e diga: "Eu sou o Filósofo. Eu estou cheio de sabedoria. Esta é a minha Pedra e eu protegerei a pura chama espiritual que agora arde dentro dela. Este é o meu verdadeiro compromisso espiritual. Esta é a minha Pedra."

(Os exercícios e meditações encontram-se em gravações. Para obter novas informações, veja o Apêndice.)

Capítulo 6

A adivinhação através dos séculos

Muitos dos antigos métodos de Adivinhação sobreviveram até o nosso mundo moderno. Outros se perderam no correr dos séculos. Isso aconteceu principalmente porque os instrumentos divinatórios particulares usados já não fazem parte da nossa cultura ocidental.

As velhas práticas da Adivinhação são interessantíssimas. Um velho método céltico era a *Hipomancia*, forma de Adivinhação que requeria a habilidade esotérica de analisar ou interpretar o modo de andar de um cavalo.

Em outra prática divinatória, conhecida como *Giromancia*, a pessoa punha-se a caminhar em círculos. O círculo tinha símbolos em vários pontos. A caminhada continuava até que a pessoa ficasse tonta ou desmaiasse. Era essa a parte emocionante da Adivinhação pois, nesse ponto, o símbolo ou a letra correspondentes indicavam a profecia desejada.

A *Belomancia* talvez fosse um dos métodos mais antigos de Adivinhação. Era a capacidade de prever o futuro usando setas. A *Austromancia* era a habilidade de Adivinhação pela observação do movimento, da velocidade e da direção do vento.

Se você estudar os métodos mais antigos da Adivinhação, descobrirá muitos processos interessantes que dizem respeito ao século em que foram usados.

Afortunadamente, muitos sobreviveram ao andar do tempo e ainda são considerados métodos favorecidos de Adivinhação. As pessoas costumam considerar a Adivinhação uma habilidade natural ou inerente. Muitas habilidades divinatórias, porém, foram transmitidas de uma geração para outra. A pessoa precisava *desenvolver* sua capacidade intuitiva, assim como aprender a verdadeira prática. Sempre foi assim. O desenvolvimento psíquico em qualquer uma de suas formas tem de ser uma combinação de intuição e de “saber fazer”.

Os antigos processos divinatórios que já não se praticam são inúmeros. Cada era, cada período de tempo, revela os diversos instrumentos da Adivinhação postos em prática. À medida que o homem progredia, seus instrumentos se tornavam mais e mais requintados. A arte da *Espodomancia* consistia em ver augúrios especiais nas formas estranhas assumidas pela fuligem ou pelas cinzas. O calor projetava tons de cores tremeluzentes e as chamas entravam e saíam das cinzas ou da fuligem. A combinação do calor e da chama criava camafeus pictóricos que desenhavam acontecimentos futuros.

A *Geloscopia* era uma forma divinatória que se punha em prática atentando para a altura do som e para o próprio som do riso de alguém. A *Tasseografia* é a arte de ler as folhas de chá. As inúmeras formas compõem padrões e vaticínios misteriosos. Bebido o chá, faz-se a borra rodopiar e, em seguida, derrama-se no pires o conteúdo da xícara. Completada esta cerimoniazinha, as folhas que ficaram na xícara são interpretadas e lidas.

A leitura das folhas vem sendo, há muito tempo, uma forma emocionante de Adivinhação, sobretudo na Inglaterra, onde ainda se faz o chá em bule, a antiga forma de fazê-lo, com as verdadeiras folhas do chá. Mas, como se há de supor, as pessoas não habituadas a prepará-lo dessa maneira, pouco provavelmente usarão a Tasseografia para adivinhar o que quer que seja.

Dessa maneira, uma forma divinatória cedeu lugar a outra no correr dos séculos. Entretanto, certos processos adivinhantes não sucumbiram à ação do tempo e precisamos perguntar por quê. Você verá que a maioria das artes da Adivinhação, que ora estão morrendo, estavam associadas aos instrumentos da época. Muitas eram consideradas talentos psíquicos naturais.

Ao mesmo tempo, outros procedimentos esotéricos exigiam certa dose de conhecimentos. Por si só, a intuição não bastava. Por via de regra, a informação era considerada secreta, e a informação transmitida através de famílias ou aprendida em escolas esotéricas especiais.

As artes reais de certos procedimentos divinatórios requerem certo nível de sensibilidade. É essa sensibilidade, ou qualidade intuitiva, que aciona a centelha esotérica inicial. O aprendizado da natureza do instrumento, juntamente com a arte da interpretação esotérica, pode proporcionar muita profundidade numa leitura. Chegamos agora à conclusão de que os vários processos de Adivinhação não tinham necessariamente abordagens idênticas. Alguns eram havidos por inerentes, ao passo que outros exigiam certa dose de instrução. Isso não torna nenhuma forma ou prática melhor do que outra! O que realmente interessa são o resultado e a acurácia da interpretação.

Nessas condições, é importante compreender e apreciar toda e qualquer capacidade psíquica que você possa ter. E perceber que, mesmo que tenha um dom psíquico inerente, certos processos de adivinhação precisam ser aprendidos e adaptados às suas qualidades intuitivas.

Habilidades esotéricas especializadas

Estou certa de que muitos professores que lerem este livro concordarão comigo no que concerne à existência de habilidades esotéricas específicas que requerem um estudo especializado. Um cliente que solicite informações pertinentes poderá escolher um consultor ou um professor pertinente, especializado em todas as áreas.

Se uma pessoa precisar de conselho, escolherá um consultor. E poderá escolhê-lo num vasto campo de especialidades esotéricas. As informações recebidas serão muito semelhantes, sem embargo do tipo de adivinhança utilizado. Cada habilidade individual depende dos conhecimentos do consultor aliados à habilidade esotérica.

Cada consultor emprega sua combinação única de intuição e conhecimentos. Conseqüentemente, alguns parecem melhores do que outros. É importante recordar que a verdadeira fonte da sabedoria e de conhecimentos é a mesma! Cada praticante, que use habilidades especializadas pessoais com instrumentos esotéricos escolhidos, extrai a informação da mesma fonte universal. Há pontos essenciais que fazem a consulta diferir: a natureza da indagação; o tipo de Adivinhação utilizada; a habilidade e a proficiência esotérica do praticante.

A natureza da indagação

Conforme a natureza da indagação, você a dirigirá habitualmente a um tipo especial de consultor esotérico. Pode sentir-se atraído por um procedimento divinatório e desejar um consultor eficiente nessa técnica.

Por exemplo, um cliente que deseja saber mais a respeito de aspectos astrológicos procura um astrólogo. Outra pessoa pode desejar informações sobre um relacionamento e buscará um leitor do Tarô. Pode ser que você observe linhas insólitas em sua mão e queira saber mais nesse sentido. Evidentemente, marcará uma consulta com um conhecedor da Quiromancia.

Quando refletimos sobre áreas de Adivinhação como esta, sabemos que a pessoa que escolhemos para dar-nos as informações que desejamos goza de boa reputação e possui habilidades confirmadas. Isso não cancela o "mais" que ela possa ter – a emoção adicional da capacidade psíquica ou intuitiva usada, a par com suas habilidades acadêmicas.

Em certa ocasião, quando me avistei com uma nova aluna e conversamos sobre suas capacidades intuitivas naturais, ela respondeu com entusiasmo. Só precisava de uma data de nascimento para dizer a qualquer pessoa o que ela precisasse saber. A mesma coisa acontecia com o Tarô, pois assim que tocava uma carta, recebia a informação solicitada.

Não estou diminuindo nem desacreditando o potencial psíquico intuitivo e natural. Mas quero deixar bem claro que receber informações pelo simples fato de conhecer a data de nascimento de alguém ou de tocar uma carta de Tarô não faz um astrólogo nem um tarólogo! Essa aluna estava confiando obviamente na própria capacidade psíquica natural. A informação recebida por intermédio de meios intuitivos pode ser absoluta e correta. Mas o conhecimento da data do nascimento e o contacto com uma carta de Tarô não tem nada que ver com o que a pessoa recebe. Isso não diminui a importância nem a veracidade da mensagem. Mas não tem relação alguma com as habilidades divinatórias de uma ciência esotérica específica.

A propósito, a mencionada estudante é agora uma bem-sucedida consultora esotérica. Sua história anterior continuou dessa maneira. Uma pessoa fez uma pergunta. A estudante ofereceu-se, ansiosa, para responder. "Basta que me dê a data do seu nascimento e escolha uma carta do Tarô", disse ela. A senhora deu-lhe a data do seu nascimento e escolheu uma carta do Tarô, ao acaso. A nossa estudante fez, de pronto, uma simples descrição geral da personalidade da senhora. Em seguida, transferindo sua concentração para a carta do Tarô, disse, reiteradamente, que alguma coisa estava para acontecer. "Uma coisa boa, muito boa", repetiu várias vezes. A senhora perguntou-lhe, aflita, o que era. "Não sei, mas é uma coisa boa", foi a resposta que ouviu.

Temos aqui uma clara demonstração de capacidade psíquica. Os dados astrológicos eram demasiado gerais e impessoais. Um astrólogo sério teria considerado a informação inadequada e insatisfatória. O tarólogo não teria pensado de outra maneira.

A própria estudante poderia ter dado mais informações se tivesse reconhecido sua capacidade psíquica e desenvolvido suas habilidades naturais. Todos temos a mesma opção para descobrir exatamente onde residem nossas habilidades esotéricas. Se tivermos uma capacidade psíquica natural podemos querer desenvolver nossas habilidades intuitivas sem acompanhá-las de um método de Adivinhação. Alternativamente, podemos optar por estudar uma das ciências esotéricas e utilizar o prazer adicional de nossos poderes intuitivos naturais.

Assim sendo, você deve abordar o desenvolvimento psíquico a partir do seu Ponto de Equilíbrio pessoal e de uma boa compreensão básica das muitas opções disponíveis.

A compreensão básica das opções

1. Reconheça seu próprio potencial psíquico.
2. Saiba que, se ele não for aparente, poderá ser descoberto por um professor conceituado.
3. Decida-se a desenvolver suas capacidades intuitivas naturais.
4. Escolha uma forma de Adivinhação para estudar.
5. Compreenda claramente a sua fonte e o modo com que recebe informações.
6. Aprenda a combinar suas habilidades e a atingir um nível de competência no campo esotérico que tiver escolhido.

Capítulo 7

Como escolher a sua vocação esotérica

Sua escolha da vocação esotérica será grandemente influenciada por sua inclinação natural. O descobrimento de suas tendências psíquicas contribuirá para a escolha do tema. Este livro visa ajudar o estudioso esotérico a formular planos por cujo intermédio ele possa experimentar o tipo de expressão esotérica que promana do seu desejo personificado.

Um estudante de medicina precisa cursar um colégio especializado para aprender os fatos essenciais relacionados com a medicina e a prática. Só depois de completar as exigências preliminares e obter um nível de competência, poderá seguir uma vocação e tornar-se um neurocirurgião, um cardiologista, etc. O mesmo se dá com este trabalho. O estudioso esotérico sério precisa que lhe ministrem os rudimentos básicos do Desenvolvimento Psíquico.

Certas habilidades esotéricas, excessivamente complexas, requerem um estudo concentrado. A Astrologia, a Tarologia e a Gnotologia são habilidades desse gênero. Se você tiver interesse por qualquer uma dessas áreas especializadas, arranje um bom professor. Comece lendo a respeito do assunto ou marcando uma entrevista para discutir o seu interesse com uma pessoa bem-informada nesse campo esotérico.

Antes de poder reconhecer alguma habilidade, você precisará estar preparado para aprender tudo o que puder sobre o assunto. Quando você alcança essa fase, observa que ela é muito fácil! O fato de tornar-se fluente e bem-informado em sua matéria coloca-o no nível escolástico. A partir desse ponto sua busca torna-se pessoal e sua reputação decorrerá de seu esforço e de sua integridade pessoais.

Astrologia

A astrologia é muito mais do que os horóscopos que aparecem nos jornais. Tudo começa com a sua entrada neste mundo – o tempo, a data, o lugar. A complexidade é absolutamente fascinante. Cada um de nós nasce sob a influência de um dos doze signos do zodíaco. Mas isto é apenas o começo! Existem muitos procedimentos astrológicos e cada um deles tem sua própria seção separada de informação. Com efeito, depois de tornar-se astrólogo, você pode continuar sua carreira astrológica em qualquer uma das seguintes áreas especiais:

Astrologia natal	Astrologia mundana
Astrometeorologia	Astrologia médica
Astrologia preditiva	Astrologia inicial

Não enumerei todas as saídas possíveis! A lista continua e cada título que precede a "palavra" astrólogo denota mais outra área de especialidade astrológica.

Reconhecimento interior

Indiquei a necessidade de um longo e árduo estudo quando refletimos nas muitas ciências esotéricas, mas não pretendo, com isso, dissuadi-lo. É uma forma sincera de encorajamento de minha parte permitir ao estudante que procura ver as áreas maravilhosas do Desenvolvimento Psíquico. Algumas ciências esotéricas são mais complexas do que outras. Isso, contudo, não torna um método de estudo e desenvolvimento menos valioso do que outro. Existe um vasto mundo em que o Desenvolvimento Psíquico pode expressar-se. É emocionante e revigorante. Mas é também exigente e instante, e leva o aluno sério a desafiar as limitações do nível normal e aceito da consciência.

Tarô

Esta antiga ciência esotérica é mais praticada hoje do que em qualquer outro período da história. A razão disso, naturalmente, é a maravilhosa disponibilidade e variedade das cartas do Tarô. Aqui está um exemplo do velho a fundir-se, de maneira bem-sucedida, com o novo. Nos dias de hoje, a impressão e a distribuição das cartas do Tarô facultou ao estudante esotérico explorar ricamente os símbolos místicos da Tarologia.

Uma pergunta que me é feita reiteradamente durante minhas séries de conferências e aulas é a seguinte:

POR QUE SÃO DIFERENTES AS CARTAS DO TARÔ? EXISTEM MUITOS BARALHOS DE TARÔ, E CADA UM MOSTRA FIGURAS DIFERENTES.

A resposta, na realidade, é muito simples. Cada baralho de Tarô tem um total de setenta e oito cartas. Cada uma dessas cartas é um símbolo, como uma nota musical. Depois que você aprende a interpretar o símbolo intelectualmente, sua energia intuitiva se dispõe a funcionar e acrescentar informações adicionais. Um tarólogo competente, como um músico competente, é então capaz de dar muitas interpretações de sua arte.

A razão das diferenças pictóricas é a capacidade intuitiva da pessoa que criou o baralho. Alguns especialistas do Tarô produziram suas próprias obras de arte a fim de apresentar sua interpretação pessoal de cada símbolo do Tarô. O Dr. Arthur Edward Waite, que produziu o seu baralho em 1910, quis que suas figuras fossem desenhadas e coloridas, sob a sua supervisão, por Pamela Coleman Smith, moça americana pertencente à sociedade secreta denominada "A Ordem da Aurora de Ouro".

O baralho Connolly foi produzido de maneira muito semelhante. Meu filho Peter Paul e eu trabalhamos horas sem fim no afã de criar a minha interpretação pessoal dos misteriosos símbolos do Tarô. A arte-final de Peter Paul Connolly é comovedoramente bela. Foi um processo longo e lento, mas as cartas são uma excelente e verdadeira imagem visual de minha interpretação pessoal da simbologia. Cada uma das imagens transmite ao tarólogo a beleza, a sabedoria e a tradução esotérica das impressões místicas recebidas através dos Níveis Superiores da consciência.

Destarte, através da escolha do baralho, tem o tarólogo a oportunidade de partilhar a visão do criador. A escolha do tarólogo é governada pelos seus próprios sentidos intuitivos. Ele escolherá o baralho do Tarô de acordo com o modo com que interpreta os símbolos mais facilmente. À proporção que o tarólogo aprende a trabalhar com os símbolos (cartas), precisa ser capaz de sintonizar os símbolos místicos e, para fazê-lo, precisa, primeiro, ser atraído pelo nível consciente.

Minha visão pessoal de imagens esotéricas foi implantada na minha consciência há muitos anos, desde o tempo em que eu era muito moça. A partir dessa forma de energia original, comecei a escrever minha série de compêndios. As imagens esotéricas nunca se modificaram! Com o passar dos anos, as cores e figuras apenas se tornaram mais e mais belas. Perguntava-me por que tudo aquilo me havia sido dado, *a mim*, que não tinha a menor capacidade artística. Aquelas imagens esotéricas, no entanto, eram magníficas. Isso não fazia o menor sentido. Pus-me a escrever os meus livros desejando poder compartilhar de muito mais com os leitores.

Casei-me e tive filhos, todos talentosos. Um dia, eu estava ensinando meu caçula, Peter Paul, a ler. De súbito, compreendi intuitivamente que àquele menino, então com cinco anos de idade, seria dado o dom esotérico de retratar minhas imagens místicas. Fiquei tão emocionada que lhe contei minha intuição com uma dose imensa de entusiasmo. A tal ponto que ele se lembra disso até hoje! Seu irmão mais velho, Jonathan, e suas irmãs, Deborah, Catherine e Louise, possuem todos talentos artísticos. Perguntei a mim mesma por que esse dom não poderia ter sido concedido a um deles. Claro está que o carma representa um grande papel nessa história e fornece as respostas.

Esperei vinte anos. Durante esses anos evitei de propósito falar sobre o que acontecera. Eu não queria que Peter crescesse sentindo o meu entusiasmo como se fosse uma espécie de pressão constante. Vi o seu talento artístico amadurecer. Ele é um artista contemporâneo e eu, aos poucos, senti a possibilidade desaparecendo. Um dia, depois de vinte anos, muito simplesmente, Peter Paul veio visitar-me e anunciou que estava pronto para trabalhar comigo no baralho de Tarô Connolly.

Narro essa história verdadeira para encorajar os estudos e o desenvolvimento psíquico do leitor. Se você sabe existir em seu interior alguma coisa que se destina a ser usada ou partilhada, conserve sua fé. Quando chegar o momento, isso acontecerá – aliás, sempre acontece. Sua capacidade intuitiva é preciosa e não deve ser dominada por dúvidas negativas. O que se destina a ser, será. Siga a voz interior e persiga suas metas esotéricas com entusiasmo e um vigoroso programa de estudo.

Meus próprios livros sobre o Tarô,[3] como todos os meus livros, são escritos para ajudar o estudante esotérico a concentrar-se diretamente no tema dos seus estudos e também a aplicar suas capacidades intuitivas. Existem muitas outras obras excelentes, escritas por autores competentes. Vá à biblioteca e à livraria. Examine os livros por alto e procure seriamente aquilo de que você precisa. Permita ao seu Eu Superior inspirá-lo. Deleite-se com a extensa seleção de leituras esotéricas disponíveis. Quando sentir a necessidade de ir além da leitura, procure um bom programa de estudos esotéricos ou um bom professor do ramo. Não deixe por menos. Existe agora, para o estudo esotérico, um sem-número de oportunidades de aprendizagem disponíveis. Faça investigações e formule todas as perguntas que precisa formular. Um estabelecimento respeitável acolherá com satisfação o seu entusiasmo.

3 Veja *Tarot, A New Handbook for the Apprentice*, vol. 1 e *Tarot, The Handbook for the Journeyman*, vol. 2.

Gnotologia

Gnotologia é a ciência ou estudo do conhecimento interior. É um termo novo para o antigo estudo cabalístico dos números, que forma as raízes da moderna numerologia (veja o *Connolly Book of Numbers*, vols. 1 e 2).

Aqui, mais uma vez, temos uma forma especializada de estudo – trabalhando com números e aprendendo a computar esotericamente a informação recebida. Esse conhecimento é usado para definir o padrão possível das atividades pessoais, passadas, presentes e futuras.

Trabalhar com números e aprender a delinear um mapa gnotológico é recompensador. Esse tipo de adivinhação requer a capacidade de trabalhar, primeiro, com números e equações numéricas. A precisão é necessária quando se compõe a estrutura real do mapa. Usam-se, a seguir, as habilidades intuitivas e esotéricas para interpretar a informação numérica, e o gnotólogo aprende a traduzir habilidosamente a delineação final com a ajuda da sua perícia intuitiva.

A gnotologia é muito parecida com a astrologia quando refletimos sobre os muitos aspectos possíveis de expressão. Um mapa pode ser básico ou especificamente estruturado para que dele se extraiam certas informações. Um mapa completo é versátil e flexível, e o gnotólogo extrai dele informações pertinentes a propósito do carma.

Há muitos outros aspectos da gnotologia vinculados à saúde, à personalidade e a qualidades inerentes. A fonte, cabalística, é um processo antigo e profundamente complexo de aprendizagem. A interpretação final é tirada da fonte e traduzida de acordo com a natureza ou tipo de adivinhação usada, como a astrologia, a gnotologia ou a tarologia.

As raízes cabalísticas

A partir do conceito místico da Cabala encontramos outras expressões divinatórias possíveis. A sabedoria da Cabala tem sido explorada pelos Mestres através do tempo. Essas "ologias" particulares, como a gnotologia, procedem da Árvore da Vida – cada uma delas é um ramo do saber.

A Cabala é reconhecida como a Árvore da Vida. Imagine sua própria árvore de família. Até onde retrocede ela? Quer você tenha, quer você não tenha, os dados ou registros reais, é emocionante compreender que ela recua – que *você* recua – até chegar ao princípio dos princípios! A Árvore cabalística da Vida também retrocede até chegar ao princípio. Muitas sementes de processo e disciplina esotéricos deitaram raízes profundas. Foram cultivadas e estimuladas a crescer de tal maneira que é difícil, às vezes, para o perito, reconhecer a estrutura original.

Mesmo com os meus estudos, que se estenderam por toda uma existência, não me é possível conceber que eu, algum dia, nesta vida, serei capaz de descobrir tudo o que preciso saber. As quadras da Árvore da Vida sofreram a influência do crescimento e das quadras do homem. No decorrer dos séculos, a sabedoria foi transmitida. O estudioso cabalístico tem tido acesso limitado à palavra escrita. Quase sempre, precisou ser doutrinado pelo método oral para compreender os trabalhos misteriosos e a sabedoria da Árvore da Vida.

Cada "ologia", portanto, emergiu como um novo rebento, e agora temos a Astrologia, a Gnotologia e a Tarologia. A Árvore da Vida, como qualquer outra árvore, cresce e tem capacidade para reproduzir-se e produzir um novo rebento. Se quisermos interpretar a linguagem da Árvore mística da Vida precisaremos aprender a linguagem cabalística simbólica. Os poderes intuitivos do homem concorrem para o mistério da Cabala. Nessa união magnífica do intelecto com a intuição reside o segredo da própria vida.

É importante compreender que a complexidade do simbolismo contido dentro da estrutura da Árvore da Vida fornece as teorias substanciais ou básicas da raiz de que muitos procedimentos divinatórios derivaram sua herança original.

Via mystica

As palavras latinas para significar Caminho Místico são *Via Mystica*. Diz-se que quando o aluno está pronto, o Mestre aparece. Em que momento da busca do aluno isso acontece? Acontece quando o aluno decide sinceramente percorrer a *Via Mystica*. É muito possível que você já esteja na *Via Mystica*! Toda estrada tem um começo e um fim. Nossa próxima pergunta pode ser, "Quem determina o começo e o fim?" Nós mesmos poderemos fazê-lo reconhecendo onde começamos!

Muitos sentem vontade de começar pelo fim. Fazem um vôo de fantasia e desejo e, logo, iniciam sua jornada pessoal de volta aos rudimentos dos conceitos básicos, que precisam ser plenamente compreendidos antes de chegarmos ao fim da jornada. Assim, seja qual for o modo com que você a enceta, sua jornada produzirá uma experiência no início da *Via Mystica* e dois fins possíveis! Seja como for que você empreende essa jornada espiritual, como num sanduíche, a carne está no meio.

Se você abordar corretamente a *Via Mystica*, à sua frente estará o insaciável apetite esotérico. À proporção que experimentar os mistérios do fenômeno esotérico, estará satisfazendo o seu apetite e, por conseguinte, se comprazendo na absorção do conhecimento. Se você satisfizer essa fome, e quando o fizer, alcançará um nível de satisfação espiritual. Dá-se uma transição de compreensão, e eis que avulta à sua frente outra *Via Mystica*!

O caminho do estudante esotérico não tem fim. Felizmente, conservamos o conhecimento ganho e continuamos sem nenhum retrocesso à medida que passamos de uma experiência de vida para outra. Mas não será a *Via Mystica* o caminho espiritual de volta a Deus? Se pudermos encarar nossos empreendimentos espirituais dessa maneira, teremos pouca ou nenhuma dificuldade em compreender que a sabedoria nunca muda; a única coisa que muda é o conceito humano. O caminho cármico do destino conduz-nos, a todos, à *Via Mystica*.

Quando o estudioso esotérico aceita sua experiência de vida como a *chave* do seu caminho cármico, passa a ter o privilégio de tirar os sapatos usados do ensaio e erro e percorrer a *Via Mystica* com alegria e expectativa. O desenvolvimento psíquico faz parte de todo o processo em que os sentidos psíquicos estão alertas – não somente para a capacidade de aplicação, mas também para a responsabilidade do uso. Nesse caso, o processo de desenvolvimento se expandirá para muitas áreas de expressão esotérica.

A meta de todo estudioso esotérico há de ser percorrer a *Via Mystica*, estar sempre pronto para a união entre o aluno e o mestre. O ego está dobrado e não se reconhecem nem o aluno nem o professor, pois ambos vestem a mesma túnica da espiritualidade. Estes pensamentos esotéricos podem parecer vagos mas, para o verdadeiro estudioso, são uma chave cabalística que permite dar início à jornada espiritual pela *Via Mystica*.

Capítulo 8

Gnothi seauton

Traduzido, *Gnothi Seauton* quer dizer "Conhece-te a ti mesmo". Você tem tido dificuldades para estabelecer relacionamentos? Se tem, este próximo passo pode ser a razão disso. Pense, por um momento, no modo que, às vezes, a mente funciona. Num relance está aqui, logo está ali. Não parece trazer alguma coisa de volta, depois de haver explorado um milhão de coisas. De ordinário, isso pode ser considerado um modo de relaxar-se e desenredar-se, após uma dose de trabalho árduo ou de concentração. Voltando do trabalho para casa, nós nos desfazemos dos sapatos, ligamos a televisão, fazemos café e começamos a abrir a correspondência. Antes que toda essa atividade tenha sido registrada, o telefone toca, a chaleira ferve, o cachorro procura ler a sua correspondência e, ao mesmo tempo, a televisão parece estar alta demais.

Dir-se-ia um hospício, não é mesmo? Pois é isso exatamente o que é. Um procedimento muito mais sedativo é a relaxação organizada, raramente usada. Roubar alguns minutos de paz nem sempre é a solução. Os nervos continuam esgotados e você acaba indo para a cama completamente exausto. Vamos recomeçar. Principie lembrando-se da palavra-chave, *Gnothi Seauton*, "Conhece-te a ti mesmo".

O poder do ch'i

Às vezes, tem-se a impressão de ser quase impossível relaxar. Até quando tudo parece conduzir à relaxação, nem sempre é fácil descontinuar a atividade física e mental. O segredo é o Ch'i, ou energia vital, que flui dentro do corpo físico. Considera-se o poder do Ch'i o âmago da energia universal. Como prática espiritual, você sintoniza essa energia vital e o seu corpo físico começa a mover-se em uníssono com o fluxo universal. Durante essa atividade espiritual, o corpo físico dir-se-ia estar dançando, à medida que o aluno forceja por fundir-se com o ritmo das energias universais.

Você não precisa ser perito nisso para sacar benefícios espirituais. Uma mãe aconchega de si o seu bebê e move-se num ritmo suave, tentando induzir a criança a dormir. Eis aí uma capacidade inerente à mãe, a de adaptar-se ao Ch'i de seu filho. Você já notou que, no começo, o nenezinho reage e rejeita os esforços da mãe para consolá-lo? Mas quando ela, devagarzinho, persiste em enlaçar o Ch'i do filho, não tarda muito para que ambos se fundam na perfeita harmonia universal. O olhar para uma flor e o observar-lhe a cor e a beleza também desperta sua necessidade interior de harmonizar-se.

Existe uma força natural dentro de todos nós que nos impele a fundir-nos com as energias universais. Um passeio na praia ou o fato de estarmos em algum lugar especial podem estimular esse instinto natural. O impulso ou instinto nunca deve ser dispensado. Cada vez que você se aproveite do próprio Ch'i e o libera para o fluxo proveniente do universo, terá restaurados o corpo e a mente.

Se fizer um esforço consciente para permitir que o fluxo universal lhe penetre cada poro do corpo, você estará assegurando uma corrente pura de Ch'i. Nesse momento, já não se sentirá sozinho. Ter-se-á transformado espiritualmente e se tornará Um com todas as coisas vivas. Essa força especial lhe facultará compreender o verdadeiro significado de *Gnothi Seauton*.

Exercício 5: como tocar o ch'i

Este exercício moderado e, todavia, alegre, elimina a negatividade estagnada. A natureza vibrante dessa energia é capaz de penetrar todos os fatores resistentes. Assim como o corpo físico respira oxigênio, assim também o corpo etérico medra na substância espiritual contida na força universal.

Vista roupas leves e folgadas para poder movimentar-se com facilidade. Tenha espaço suficiente à sua volta. Remova qualquer tipo de jóia que possa tolher-lhe os movimentos ou distrair-lhe a atenção. Não use sapatos nem chinelos. Fique de pé no chão ou calce meias bem ajustadas às pernas.

Deixe ligada uma música de fundo que tiver tons melódicos calmantes, mas deixe-a tocando baixinho, porque sua sensibilidade se desenvolve rapidamente quando você faz esse exercício. Alguns estudantes que se estão desenvolvendo intuitivamente experimentam, não raro, sons clariaudientes durante o exercício.

Sente-se confortavelmente numa cadeira e comece a relaxar-se tanto quanto lhe for possível, física e mentalmente.

O objetivo da sua concentração espiritual principia separando o nível consciente do processo esotérico real. Isso lhe permite obter o pleno benefício do exercício. Preparando tudo corretamente, você pode ter a certeza de receber e ganhar uma nova introvisão espiritual ao aprender a deixar para trás o peso do nível consciente. Cada vez que voltar a esse nível de consciência, descobrirá que ele ganhou uma força nova, inteiramente devida aos seus esforços espirituais.

1. Relaxe-se, feche os olhos e visualize-se recuando profundamente dentro de você.
(Espere.)
2. Sinta a escuridão ao seu redor. Mova-se devagar na direção de uma luzinha brilhante no centro do seu ser.
(Espere.)
3. À proporção que você se aproximar da luzinha brilhante ela parecerá igual a uma estrela. Raios penetrantes de energia de PRATA estendem-se para fora, no meio da escuridão.
(Espere.)
4. À maneira que você continua a aproximar-se, sinta um repelão de energia e o desejo de fundir-se diretamente na estrela brilhante.
(Espere.)
5. Fique sabendo que no centro da estrela está a sua fonte pessoal de Ch'i. Sinta-lhe agora a força subindo e fazendo pressão para a frente, na direção da luz brilhante.
(Espere.)
6. Faça uma pausa para prestar muita atenção. Que é o que você está ouvindo? Sinta a mudança das vibrações e preste atenção.
(Espere.)
7. Defronte da luz brilhante de sua Estrela pessoal de Ch'i, sinta a força vibratória no rosto e no corpo.
(Espere.)
8. A estrela, agora, está estendendo raios BRANCOS brilhantes. Sinta-os tocando o seu rosto, o seu corpo, suas mãos e seus cabelos. Goze essa sensação maravilhosa de rejuvenescimento.
(Espere.)
9. Agora é fácil mover-se para a frente. Enquanto você dá o passo seguinte, abre-se o centro da estrela brilhante e irrompem raios de OURO puro de luz. Fios de ouro rodopiam em volta do seu corpo. É uma bela sensação.
(Espere.)
10. Feito isso, completamente enrolado na energia de Ouro, ELEVE-SE, ELEVE-SE, ELEVE-SE. Você está-se movendo rapidamente e os fios

de ouro principiam a desenrolar-se à maneira que você viaja para CIMA e para além do seu nível consciente.
(Espere.)

11. Você está totalmente livre. Os fios de OURO estão agora atrás de você. O poder que o movimenta cura-lhe o corpo físico e você se alegra com sua visão espiritual.
(Espere.)
12. Você pode ver muitas coisas. Se prestar atenção com cuidado, ouvirá também música e vozes.
(Espere.)
13. Movimente os braços e as pernas, e sinta a força vibratória de Ch'i agitando-se em cada átomo do seu ser. É a força vital e você pode extrair dela tudo o de que precisa pela simples ação do pensamento.
(Espere.)
14. Você jamais conheceu esse tipo de amor e de proteção. Olhe para o seu corpo e veja como ele vibra em poder de Ch'i. Veja como ele se move depressa. Cada lugar tocado pela Luz enche sua alma de pureza e amor.
(Espere.)
15. Goze o movimento, goze a vibração e sinta a liberdade de sua alma.
(Espere.)
16. Olhe agora para baixo e veja o seu corpo físico cercado da mesma luz brilhante. Observe a luz no momento em que ela entra em seu corpo. Veja como a energia negativa cinzenta se escoa aos poucos.
(Espere.)
17. É chegada a hora de voltar ao nível consciente. Você se move depressa outra vez. Seu corpo está diante de você. Entre imediatamente no corpo físico. Ao sentir o corpo por ali, estique os braços e as pernas. Enquanto faz isso, a energia se espalha, célere, e enche o corpo físico com seu novo poder vibrante. Sinta a energia do Ch'i, que viaja por todas as partes do seu corpo.
(Espere.)
18. Agradeça a experiência espiritual. Peça que lhe seja permitido conter essa Força Universal, e saiba usá-la para aperfeiçoar cada aspecto da sua vida.
(Espere.)
19. Respire profunda e facilmente por três vezes e, ao soltar a respiração, sinta o novo poder e o novo controle que agora detém. Seu corpo está cheio de Luz. Você tocou o Ch'i. A saúde e a prosperidade estão à sua

espera. Ponha-as em sua vida.
(Espere.)

20. Abra os olhos e mova devagar o seu corpo físico. Espreguice-se como um gato e permita ao Ch'i estender-se a todas as células no interior do corpo. Você tocou a força doadora de vida de Ch'i. Está no comando. Extraiu poder do universo. Use-o bem e tenha sempre consciência da força vital em seu interior.

Capítulo 9

O fio esotérico

A vida é um imenso e magnífico padrão da nossa atividade pessoal. A vida não são fragmentos de experiência que acontecem por si mesmos. Tudo o que somos está sendo criado por nós cada dia que vivemos. O padrão de nossa atividade pode ser alterado. A única coisa de que precisamos é um Fio Esotérico de vigor e força pessoais. Esse fio se encontra no centro da alma.

Recuse-se a permitir que o medo o penetre, e que nada de fora possa causar-lhe dano. Se vimos de um ponto de contentamento interior, somos imediatamente fortalecidos por um poder especial que nos puxará através de quaisquer obstáculos remanescentes. A resposta é a simplicidade da alegria. Esqueça as coisas costumeiras que o levam a esse pico. Procure os verdadeiros problemas da vida. Posso garantir que a felicidade supera toda ambição. Talvez lhe pareçam necessárias coisas específicas para fazê-lo feliz. Pode ser que essas coisas o façam realmente feliz, mas elas não devem *controlar* sua alegria e felicidade pessoais.

Concentre-se na alegria e na felicidade interiores e verá a vida de um modo diferente. O fato de olhar para a vida desde um ponto de alegria muda absolutamente tudo! O que é, ao mesmo tempo, muito simples e muito eficaz. Se você o fizer bastante, conjurará, muito provavelmente, energia suficiente para rir-se de si mesmo. A energia gasta lamentando o que não temos deveria ser poupada e usada como fortaleza de força, opondo-se a toda e qualquer negatividade e recusando-se a permitir que esta lhe inunde o centro da alma.

Encontre novas áreas de interesse autêntico para ocupar seus pensamentos. Se você for destemido e a alegria se irradiar de sua alma, atrairá, sem dúvida, todas as situações pelas quais tem suspirado. Investir tempo e preocupações em coisas que você não pode mudar é perda de tempo. No mesmo instante em que se concentrar na alegria *interior*, sentirá a força e a segurança da força doadora de vida.

Tudo isso poderá gerar algumas perguntas em sua mente:

1. O que é o Fio Esotérico?
2. Como deverei usá-lo na minha vida?
3. O Fio Esotérico ajudará o meu desenvolvimento psíquico?

Estas são, com efeito, perguntas importantes. As respostas poderão modificar tudo!

O que é o fio esotérico?

O Fio Esotérico é uma força vibratória que se espirala e se solidifica numa minúscula bolinha de ouro. Nessa forma, é facilmente manipulado e salta para a frente e para trás dentro do nível emocional. O nível emocional é ativado pelo equilíbrio ou desequilíbrio das emoções. Governada pelo nível consciente, a bolinha de ouro não tem direção particular. Cada emoção a movimenta rispidamente. A ação vibratória causa instabilidade, falta de controle, medo e embaraço.

A bolinha de ouro muda realmente de cor e de tamanho graças à atividade emocional. Toda vez que você decide recomeçar, a bola se reduz e reflete as vibrações áureas do Fio Esotérico espiralado. Quando você perde o controle, a bola dourada muda de cor e, se você mantiver um nível de negatividade, a bola aumentará de tamanho.

O nível emocional, ou nível "E", localiza-se logo acima da linha natural da cintura, diretamente debaixo da caixa torácica. Nos momentos de pânico ou de medo, você sente um desequilíbrio quando a bola solidificada se move em resposta ao medo. Se você tiver experimentado um estado negativo por longo período de tempo, será afetado fisicamente nessa região do seu corpo.

A complexidade do nível emocional é fortemente relacionado com o sistema de chacras, que indica a condição esotérica do corpo etérico (veja *Karma Without Stress*). Essa área física do corpo necessita de uma entrada constante de fluxo vibratório natural. A bolinha de ouro é um fenômeno natural. Os problemas ocorrem por falta de conhecimento. De um modo geral, não se toma conhecimento do nível esotérico.

Em seu estado correto, a minúscula "bolinha" deve ter a cor do ouro claro e brilhante. É uma espiral de Fio Esotérico que contém suas próprias e únicas propriedades místicas. Toda atividade emocional que não deriva do autocontrole ou de um estado de alegria produz um movimento desconfortável da bola. A bola adere à entrada negativa e perde o poder à medida que se deixa envolver lentamente pelo tom e pela natureza do fluxo negativo.

A sensibilidade aparente da bola de ouro, com efeito, é uma demonstração do seu poder e do seu propósito! No estado original, é brilhante e mede cerca de meia polegada de diâmetro. À proporção que você permite à negatividade atacante inundar o nível "E", a espiral esotérica, que é a bola de ouro, responde imediatamente para proteger e defender. Ao fazê-lo, absorve as energias indesejáveis e, aparentemente, submete-se às emoções não desejadas.

Na realidade, ela é obrigada a rechaçar a negatividade indesejável e, nesse processo, absorve-a e aumenta de tamanho. Enquanto o nível consciente não começa a relaxar-se, a Espiral de Ouro, apanhada na armadilha, deixa-se congestionar pela influência indesejável.

A espiral transforma-se de acordo com o tipo de negatividade. Pode ser vista com facilidade por um clarividente. Com efeito, conheci diversas situações em que o clarividente não entendia o que estava vendo! Um médium natural interpreta o que vê. Se não tiver haurido ensinamentos filosóficos esotéricos, será virtualmente impossível esperar uma tradução esotérica. Em conseqüência disso, uma bola de energia, de um vermelho vivo, em constante movimento, foi interpretada como sinal positivo por uma clarividente. Essa energia vermelha de tamanho desproporcionado representava uma pessoa terrivelmente irada. A propósito, a pessoa irada havia dito à clarividente exatamente como se sentia. A clarividente não estava errada no que via mas, por falta de conhecimentos esotéricos, não sabia interpretar o que se lhe oferecia.

Se alguma parte da estrutura etérica for diretamente afetada, a espiral refletirá o tipo de energia causadora do problema. A mente consciente determina essa atividade com sua concentração constante. Se você, por exemplo, usar em vez disso a Consciência Superior, e aplicar a mesma quantidade de energia, a vida tal qual a conhece mudará completamente. Você viverá num estado de alegria, resultante do fato de estar sendo a atividade emocional monitorizada e controlada. O nível consciente básico pode projetar imagens de medo tão reais que são, de fato, assustadoras. Da mesma forma, se fizermos isto, ou se não fizermos aquilo, "saberemos" exatamente o que sucederá! Isso acontece porque nos exercitamos em prever possibilidades negativas. Por conseguinte, se quisermos descobrir o Fio Esotérico e entrar em contacto com ele, deveremos passar por cima do nível consciente.

Podemos consegui-lo utilizando o exercício 6, que torna a dirigir sua concentração normal para a Espiral de Ouro. Meus alunos têm obtido resultados rápidos e notáveis usando o exercício da Espiral de Ouro. As condições físicas também são afetadas quando trabalhamos com esse exercício. A saúde melhora e, em vez de tentar mudar atitudes, o fluxo vibratório diferente é liberado em tal profundidade que ocorre uma sensação imediata de bem-estar.

Exercício 6: a espiral de ouro

Deite-se e espere algum tempo para relaxar-se. Uma vela COR DE OURO ou AMARELA ajuda consideravelmente. Você não precisa de música, visto que ela pode influir na sua concentração. Tenha a certeza de haver colocado o telefone fora do gancho e de que o seu bichinho de estimação não o incomodará. Vista roupas folgadas e leves, sem nenhuma jóia desconfortável.

Lembre-se de que este belo exercício acelerará o seu desenvolvimento psíquico. Alcançar o controle interno representa um passo imenso e aumentará sua energia psíquica.

1. Dirija sua concentração para o olho interior. Este se localiza no topo do nariz, entre as sobrancelhas.
   (Espere.)
2. Permita que o calor do ANIL pulse delicadamente na área do seu olho interior, e sinta espalhar-se o conforto do ANIL.
   (Espere.)
3. Relaxe-se completamente e retenha o ANIL. Concentre-se no próprio centro da cor e espere até ver ali uma pequena energia BRANCA.
   (Espere.)
4. Desde o topo da cabeça, centro da Coroa, baixe os olhos para a energia BRANCA rodeada pelo suave e quente ANIL.
   (Espere.)
5. Aspire com lentidão e facilidade, imaginando que a respiração flui através do topo da sua cabeça. Libere-a devagar, para que chegue ao olho interior e, depois, de mansinho, empurre a energia BRANCA pela garganta abaixo. Faça-o de novo, empurrando vagarosa e facilmente a energia BRANCA pela garganta abaixo. Continue a aspirar dessa maneira até que a luz BRANCA se estabilize.
   (Espere.)
6. Agora você está pronto para ir mais fundo. Aspire através do topo da cabeça e, à medida que libera a respiração, empurre a luz BRANCA para o coração. Quando a energia tocar o centro do Coração, sinta a luz estender-se, à maneira que se estabiliza nessa área.
   (Espere.)
7. Estenda a mão para o topo da cabeça e sinta o controle do centro da Coroa. Respire com facilidade, abaixe a vista para o centro da Garganta

e veja a luz BRANCA que pulsa ali.
(Espere.)

8. Mais uma vez, desde a Coroa, desça os olhos para o centro de controle. Permanecendo relaxado e respirando natural e facilmente, olhe para baixo, para o centro do Coração. Veja a luz BRANCA pulsando no mesmo ritmo do centro do Coração.
(Espere.)
9. Procure de novo o seu centro de controle na Coroa, aspire lenta, profunda e facilmente e solte o ar direto através do centro da Garganta, através do centro do Coração e para dentro do nível emocional. Continue a respirar dessa maneira até estabilizar a luz BRANCA.
(Espere.)
10. Quando a luz estiver estabilizada, suba outra vez para a Coroa e sinta uma energia brilhante e poderosa energizá-lo. Sinta uma arrancada através do seu corpo. Veja-se completamente absorto na luz brilhante. Sinta o poder subindo por dentro de você. Você está sendo preparado. Está recebendo energia da força universal.
(Espere.)
11. Todos os aspectos da consciência vão fundir-se. Quando você soltar de novo a respiração, fá-lo-á com força maior. O poder que agora o cerca no centro da Coroa inunda o centro emocional com a sua luz. Faça agora uma inspiração profunda, fácil e lenta. Retenha-a contando até três e, a seguir, solte-a rapidamente para o nível emocional. Você está concentrado no nível emocional. Com a luz que o cerca, olhe e veja o que acontece ali. Veja todas as bolsas emocionais cheias de negatividade.
(Espere.)
12. Sua procura espiritual visa agora encontrar a Espiral de Ouro. Se houver negatividade, você só a reconhecerá pela bola colorida de energia. Procure a bola e veja onde está escondida. Quando você vir um brilho de cor que não seja o BRANCO, saberá que está perto da bola. Encontre-a.
(Espere.)
13. Observe a cor (ou as cores). Lembre-se do tamanho da bola. Aspire profundamente a forte luz BRANCA ao seu redor. Saiba que você é responsável por toda perturbação ou medo. Veja-se de pé, ereto, erguendo os braços para a luz. Chame o Anjo Rafael. Você lhe sentirá a presença como uma brisa fria. Quando ele aparecer, pergunte-lhe como pode reaver a Espiral de Ouro. Ele o instruirá. Ouça bem e siga-lhe a santa orientação. Você encontrará a Espiral de Ouro com facilidade. Preste

atenção à sabedoria do Anjo Rafael. Você trará de volta a Espiral de Ouro com alegria total e prosseguirá depois na busca espiritual. (Espere pelo menos cinco minutos.)

14. Já é tempo de continuar a sua jornada. A Espiral de Ouro está em suas mãos. Você só precisa levar esse tesouro espiritual para a luz e para o poder do chacra da Coroa. Aspire profundamente e suba ao centro do Coração. Veja e sinta a luz do centro do Coração fundir-se com o poder na Espiral de Ouro. Enquanto as energias se combinam, atente para o caminho secreto em que você ingressa agora.
    (Espere.)
    Em seguida, siga o mesmo processo para ir ao centro da Garganta.
    (Espere.)
15. Aspire mais uma vez e suba rapidamente para o olho interior. Veja e sinta a sua luz. As forças, magníficas, misturam-se umas às outras e você lhes sente o poder quando cintilam e se irradiam à sua volta – lampejos de ANIL e OURO. Uma arrancada e uma alegria de pura energia não tocada – o seu corpo todo reage com a Força Universal. Tudo se modifica. O caminho de sua vida está claro e aberto diante de você. Olhe para o futuro, e veja o que é preciso fazer para trazer paz e harmonia à sua vida.
    (Espere.)
16. Segurando a Espiral de Ouro, você está pronto agora para chegar à sabedoria e ao poder do chacra da Coroa. Você começa a subir lentamente. Sinta o calor da luz brilhante acima da cabeça. À maneira que você se alça para a beleza e a glória do chacra da Coroa, levante a Espiral de Ouro e imagine que tudo se torna em OURO à sua volta. A energia de ouro reforçará sua determinação. Dá-lhe tudo o de que você precisa para percorrer o seu verdadeiro caminho cármico. Quando chegar ao centro do chacra da Coroa, solte a Espiral de Ouro. Olhe para baixo e veja-a movendo-se qual uma flecha através do olho interno, através do centro da Garganta, através do centro do Coração e voltar para o devido lugar. Seu nível emocional despede agora raios de poder a todas as partes do corpo, da mente e do espírito.

Agora, espere alguns momentos e dê graças.

Como posso usar o fio esotérico na minha vida?

O Fio Esotérico é um puro fio vibratório de ouro. Compõe-se de pensamentos, palavras e atos relevantes para o continuado desenvolvimento psíquico do seu Eu Superior. Tecido com fibras morais, inclui-se naturalmente na Espiral de Ouro.

Os antigos mestres reconheciam o poder do controle espiritual. Uma das primeiras tarefas do aluno incipiente consistia em achar a Espiral de Ouro e remover todas as energias negativas que se houvessem formado. A busca espiritual era um caminho solitário, à medida que se cometia ao aluno a incumbência difícil de localizar, primeiro que tudo, a Espiral de Ouro.

O exercício da Espiral de Ouro, acima descrito, ajuda-o a descobri-la e purificá-la. Esse procedimento esotérico de limpeza talvez tenha de ser repetido freqüentemente, a fim de dar a certeza de que a espiral está em seu verdadeiro nível. Somente quando ela se encontra em estado de perfeição espiritual você pode mostrar o Fio Esotérico.

O Fio Esotérico se compõe de pensamentos, palavras e atos.

Pensamentos

Fazer um esforço determinado para só pensar em coisas boas é um bom começo. Não é muito fácil – quando a negatividade se põe a fluir é difícil detê-la. Mas, graças a Deus, não é impossível! Assim que você se der conta de que está permitindo a um fluxo negativo de pensamentos entrar em sua consciência, pare imediatamente! Desde o momento em que você aplica esse tipo de disciplina espiritual, está criando o Fio Esotérico que, num instante, se enrolará em torno da Espiral de Ouro. Mesmo que uma fração de negatividade tenha surgido e entrado na consciência, o simples ato de aplicar a disciplina instiga a energia necessária para manufaturar o Fio Esotérico. Este, por sua vez, adere à Espiral de Ouro e se enrola ao redor dela.

Palavras

"Pense antes de agir" é a resposta singela à administração de palavras. Se você não o fizer, e depois reparar no que está dizendo, *pare* e mude o tom da conversação. As palavras são como armas e podem destruí-lo ou causar dano a uma alma que não o merece. Uma simples sugestão pode induzir alguém a carregar a tocha que você mesmo acendeu! Se você foi longe demais na conversação e já não pode reparar o mal que causou, faça uma profunda inspiração Branca e faça o que for preciso para corrigi-lo. Admita, se for necessário, que você estava sendo demasiado crítico ou cruel. Talvez não estivesse pensando direito, ou talvez encontrasse prazer ou satisfação na reação ao que você tinha para dizer. Seja ela qual for, a razão não importa. O que importa é que você tenha extraído a força de que precisa para corrigi-lo de estalo.

Não será tão difícil quanto você imagina! Pois quando você toma a decisão espiritual de emendar alguma coisa, sobrevém um fenômeno maravilhoso. O Eu Superior vem ajudar e o Fio Esotérico se enrola rapidamente em torno da Espiral de Ouro. E quando essa energia maravilhosa se manifesta, você tira dela uma grande dose de força interior – e o trauma se anula.

O Fio Esotérico também é ativado quando você presta atenção às palavras proferidas por outrem. Se você se zangar ou perturbar ouvindo as coisas que estão sendo ditas, respire fundo, inalando a Luz Branca, e depois visualize o fato de estarem sendo as palavras reais realmente expelidas com a expiração. Mais uma vez, esse procedimento esotérico dá início a uma resposta imediata do nível "E". O Fio Esotérico é possibilitado pela sua recusa em aceitar a raiva ou o dano no nível "E". O ato exterior e físico de soltar a respiração e utilizá-la para cancelar a possível entrada de negatividade, acarreta prontamente a proteção da Espiral de Ouro pelo Fio Esotérico.

Atos

As ações negativas requerem uma abordagem inteiramente diversa. Em vez de tentar reparar um ato, o que talvez seja difícil, usamos o método preventivo. Quando você admite que os outros pontos de interesse esotérico – seus pensamentos e suas palavras – estão em alerta constante, é muito pouco provável que se entregue a atos negativos.

Comece o dia reconhecendo a responsabilidade que lhe cabe por seus pensamentos, palavras e atos. Aspire a Luz Branca e, ao expirar, visualize a expiração como um chuveiro sobre o dia que você tem pela frente. Saiba que, ao encontrar negatividade em outros, você tem a oportunidade única de proteger-se manifestando o Fio Esotérico.

Um modo simples de começar o dia

Peço que meus PENSAMENTOS sejam puros e claros.
Peço PALAVRAS que não sejam ditas com medo.
Peço que meus ATOS não prejudiquem as minhas necessidades.
Minha dádiva será o FIO para a minha ESPIRAL DE OURO.

O fio esotérico ajudará o meu desenvolvimento psíquico?

Você agora sabe o que é o Fio Esotérico e como é criado. Também conhece o antigo segredo do lugar em que ele se localiza. Tem a prece singela para encetar cada novo dia. Agora, a terceira pergunta é saber se o Fio Esotérico o ajudará em seu desenvolvimento psíquico.

Claro está que a resposta é um "Sim" definitivo. Você aprendeu a tocar o Ch'i, e conhece as misteriosas atividades do fio de ouro. A esta altura da nossa jornada esotérica, você está muito bem preparado para palmilhar o seu caminho cármico do destino.

É evidente que encontrará dificuldades – a gente sempre as encontra. Mas enquanto se aferrar ao seu conhecimento básico, viajará competentemente pelo caminho cármico do seu destino. E este conhecimento esotérico básico descerrará novas e brilhantes paisagens de oportunidade. O seu desenvolvimento psíquico tem de ter uma base boa e sólida. Os procedimentos preliminares são parte essencial da sua base. Aprenda-os e pratique-os bem. Coloque-se num estado de "prontidão" em todos os momentos. Esteja aberto a novas correntes de pensamento enquanto desenvolve a consciência e aprimora a capacidade espiritual. Tenha paciência consigo mesmo e estabeleça metas que não se possam mover.

Você está pronto para explorar seus poderes inerentes. Com os conhecimentos que tem hoje, pode estimular mais crescimento e satisfação para si mesmo. Não há estradas rápidas para o sucesso, seja ele espiritual, seja material. Faça as coisas direito, e coisas direitas sucederão. Desfrute a força do seu conhecimento recém-achado. Finalmente, você pode considerar-se um verdadeiro estudioso esotérico, pois agora está preparado para ir à frente, sem medo de voltar aos seus elementos básicos.

Existe muita coisa para aprender, e o caminho do estudioso esotérico é de luz e alegria. Esta luz e esta alegria não são limitadas. Estendem-se a todas as possibilidades emocionantes. Que é o que há diante de você? Que é o que vem em seguida? A maravilhosa e emocionante aventura da *vida*. A sua vida! Você talvez tenha algumas coisinhas para arrumar aqui e ali. Lembre-se, porém, de que, agora, sabe fazê-lo, e essa será a sua força motivadora.

O Fio Esotérico é, positivamente, parte essencial do seu desenvolvimento psíquico. Quando o sol se levanta e você começa o seu dia, reconheça, primeiro que tudo, que as energias de Deus estão esperando dentro de você. Quando o sol se põe e o seu dia acaba, agradeça a força doadora de vida que se avoluma em seu corpo, em sua mente e em sua alma. Tudo isso concorrerá para o seu crescimento esotérico. Conheça e compreenda o seu propósito. Reconheça a fonte do amor e da vida. Estenda-se e expanda sua consciência. O fazer todas essas coisas lhe fornecerá uma base excelente. O Fio Esotérico se enrolará em torno da Espiral de Ouro, ao mesmo tempo que você progride. Sem ele, ficamos encerrados em nossos interesses físicos e materiais. É a fibra moral de sucesso em todos os níveis. Os que têm consciência do Fio Esotérico e são dados ao progresso espiritual, atraem todas as alegrias terrenas. O funcionamento misterioso do Fio Esotérico se tornará parte inseparável do seu desenvolvimento psíquico.

As encruzilhadas

A primeira carta de Tarô dos Arcanos Maiores é o BOBO. Vemo-lo de pé numa encruzilhada, decidindo que caminho tomar. Tenho a certeza de que você se viu nessas condições muitas vezes. Podemos não estar seguros do caminho que devemos tomar, e precisamos de algum tempo para pensar nas alternativas. Isso é parte do seu desenvolvimento psíquico.

Depois que você tiver praticado os exercícios esotéricos, sua mente estará muito mais clara. Sua visão se estenderá e você se verá ocupado pondo as coisas em ordem. Sem se comprometer a seguir nesta ou naquela direção, permita, pelo menos, a si mesmo avaliar as opções que se lhe oferecem. É fácil demais recair no padrão de aceitação. Ainda que você esteja tendo um sucesso razoável na atividade atual, isso não lhe veda a exploração de outras possibilidades. Você também precisa evitar permanecer como está só por se tratar da opção que lhe parece mais confortável.

Isso nos leva de volta às Encruzilhadas – às suas encruzilhadas e às suas opções. Um modo seguro de restringir estas últimas consiste em não reconhecer que elas existem. Quantas vezes você não chegou à conclusão de que não tem escolha? A verdade é que sempre temos uma escolha. Só relutamos em exercitá-la porque prevemos uma série de acontecimentos indesejáveis. Pode-se até argumentar que o motivo é plausível. Importa, porém, ver as coisas clara e completamente. Se encararmos uma situação e não estivermos de posse de todos os pormenores, podemos acabar perdendo uma boa oportunidade.

Oportunidade

Não é provável que a oportunidade salte inesperadamente à sua frente e diga, "Estou aqui", sem que você corra nenhum risco. Se você percorrer o mesmo caminho familiar, o caminho surrado de tédio e certeza, você perderá oportunidades. A oportunidade oferece um meio novo de expressá-lo. O fazê-lo talvez demande esforço, visto que ninguém está certo de como se sairá. Isso, pelo menos, é o que você sente e pensa. A verdade é que todas essas coisas já lhe são familiares. Quando se lhe depara uma opção, bem lá no fundo você sabe o que deve fazer. O problema e a confusão começam quando você evita a sabedoria interior. Você dança à roda da oportunidade e, ao fazê-lo, sufoca o poder que tem, apresentando-se com uma desculpa depois da outra.

Algumas pessoas são forçadas a aceitar as oportunidades que a vida lhes oferece. Traduzindo, isso quer dizer apenas que você foi forçado a tomar uma decisão. Depois de tomá-la, adaptou-se a ela o mais depressa que pôde e dela tirou o maior proveito. Geralmente se fala dos resultados como de pura "sorte". Você não sente alguma tristeza ao compreender quantas vezes negou a si mesmo uma nova oportunidade? O mundo, o seu mundo, está repleto de oportunidades. Pode ser que você precise olhar com muita atenção e alargar sua visão mas, seja como for, o seu mundo está cheio de oportunidades. Você já pensou no modo com que encara as oportunidades?

Capítulo 10

Controle esotérico

O sistema de controle esotérico possui uma cadeia de comando espalhada por todo o corpo físico. Nesta série de livros você aprenderá mais a respeito da capacidade de comando. A energia controladora pode ser considerada neutra, adormecida ou até inexistente, a menos que seja gerada e exercida. No mesmo sentido, um membro inativo começará a deteriorar-se se não for usado.

Imagine ter um armário cheio de instrumentos, mas não saber onde está a chave! Você continua a descobrir outras formas de trabalhar sem os instrumentos corretos. Ao cabo de contas, você alcança um bom nível de capacidade artesanal e esquece os ótimos instrumentos ainda guardados, fora do seu alcance. Isto se parece com a energia poderosa encerrada no interior da sua consciência.

O poder dentro do sistema de controle esotérico tem uma tremenda capacidade de abrir áreas de pensamento e criatividade até aqui desconhecidas. Pense simplesmente em todas as limitações auto-impostas – os bloqueios alimentados pela falta de fé e pelo desuso da nossa sabedoria interior. Você é muito mais poderoso do que se dispõe a acreditar.

A capacidade de se curar

A mente consciente trabalha com o que conhece. Possui uma capacidade acanhada de compreensão esotérica. Lemos e ouvimos dizer cada dia mais e mais que a mente é capaz de transmitir ao corpo físico a faculdade de curar. Isto não é uma revelação – pratica-se desde o início dos tempos. No sistema de controle esotérico está o poder de curar o corpo físico. Realmente interessante é a existência de inúmeras maneiras pelas quais o corpo físico pode ser rejuvenescido e curado.

A cura através do sistema de controle esotérico requer a cooperação da mente num nível consciente. Isso talvez cause um problema – não é fácil usar o nível consciente para fins esotéricos, visto que, para a mente, é difícil concentrar-se por longos períodos. A mente consciente, sempre em guarda, reage e alerta o corpo quando se registram certas situações e mensagens. A meditação pode afastar a mente consciente de sua posição normal de segurança no cérebro. Uma vez que a mente o reconhece pode descansar e ainda assim reagir a quaisquer vibrações entrantes, permitindo que se abra a porta para a Consciência Superior.

O sistema de controle esotérico é alimentado através do chacra da Coroa, localizado no centro superior da cabeça. Existe um fluxo puro de energia universal que entra livremente na área real do chacra e a enche. Desde o dia em que nasce o indivíduo, um fluxo vibratório constante e firme leva, aos poucos, essa energia diretamente para o cérebro.

O cérebro e o sistema nervoso estão ligados ao sistema de imunização, dando a entender que está disponível uma rota direta de cura. Em todo ser humano reside o poder real de autocura. Esse poder incrível não é uma substância fantasmagórica, senão uma força viva real que acentua a capacidade de curar. É, de fato, muito para admirar que ela não seja o assunto de todas as conversas na cidade! Por que não está nas manchetes matutinas?

O cérebro físico sempre foi um tema fascinante. Nós sempre nos espantamos com o que revelam as pesquisas dos médicos. Hoje em dia, muitos médicos reconhecem o poder de curar do homem. Ninguém sabe, é claro, como funciona exatamente, mas já se apresentaram provas da capacidade de autocura.

O sistema de controle esotérico é governado pelo pensamento consciente. Trabalha de maneira muito parecida com a de qualquer outra parte do corpo físico. Se você cerrar o punho, ele ficará cerrado até que o cérebro receba o impulso para liberar os dedos. Felizmente, aprendemos a controlar o corpo físico até certo ponto, e não damos muita importância aos controles do sinal.

Um atleta destacado que alcança uma força extraordinária deixa todo o mundo com vontade de possuir a mesma capacidade. O atleta, como a bailarina, como o homem da casa ao lado, extrai do sistema de controle esotérico exatamente aquilo de que precisa. E você faz o mesmo! Examinemos mais um pouco essa maravilhosa possibilidade.

O cérebro responde à atividade da mente. Se acreditarmos piamente, por exemplo, que vamos ficar doentes, logo reconheceremos os sintomas da doença. Entretanto, um padrão inverso de pensamento induz vibrações saudáveis. Essa linha finíssima de decisão mental governa o estado da nossa saúde. O dilema mental é que esperamos envelhecer, esperamos adoecer – e é isso precisamente o que acontece.

Cura-te a ti mesmo

Há outra parte de você tão importante e tão real quanto você mesmo: o seu Eu Superior. O Eu Superior raramente é conhecido ou reconhecido. Não é envolvido nem protegido pelo seu ego. Permanecendo firme e seguro, tenta influir nos seus pensamentos conscientes cotidianos. Infelizmente, o Eu Superior não recebe a apreciação que merece. Isso é estranho, visto que esse aspecto poderoso de nossa existência está conosco durante o tempo todo. Em casos extremos de extrema emergência, quando a mente consciente perde o controle, o Eu Superior ali está para sustentar e proteger. Nosso estudo mostrará como você pode começar imediatamente a familiarizar-se com o seu Eu Superior.

O eu superior

O poder do Eu Superior é a verdadeira fonte do desenvolvimento psíquico. Existem inúmeras maneiras pelas quais você pode servir-se dessa força. Uma delas, naturalmente, é a capacidade de aplicar a autocura, poder de cura que não se limita à cura física. As qualidades vibratórias que emanam do Eu Superior podem induzir a cura em qualquer nível, provendo assim à necessidade esotérica essencial de acelerar o desenvolvimento psíquico.

Nessas circunstâncias, aqui você começa, quando o "eu" olha para dentro e examina o seu próprio potencial de excitação. Tudo principia com o reconhecimento de que você é maior, muito maior, do que o seu reflexo no espelho. Cercado de suas próprias capacidades espirituais, você aprende a usar suas habilidades esotéricas e a reconhecer as muitas opções acessíveis de expressão esotérica. Um médico sabe mais a respeito da sua estrutura física do que você. Mesmo que *você* exista dentro do seu corpo, o médico, de ordinário, o examina e determina o que está acontecendo muito melhor do que você poderá fazê-lo. Da mesma forma, você pode aprender a analisar seus próprios poderes psíquicos, decidindo explorar as muitas avenidas da expressão esotérica.

O dar-se conta da sua habilidade inata, latente, se inicia com um sentido de "entrada". Com isso, quero dizer que você precisa aprender a passar períodos de tempo apartado do seu comportamento e de suas atividades cotidianas normais. O fato de você conceder a si mesmo um emprego de tempo predeterminado dá ao nível consciente exatamente o de que ele precisa – um sentido de controle. (Não se esqueça de que o nível consciente reluta em deixar as coisas acontecerem.) Se você decidir passar algum tempo estudando, a mente consciente responderá relaxando-se um pouco, permitindo ao Eu Superior comunicar-se sem nenhuma interferência indevida.

O seu Eu Superior é a parte de você que contém todo o conhecimento da sua existência, porque sempre existiu! Em todas as possibilidades de vidas passadas, o Eu Superior permanece inalterado, como se lhe dissesse que o "você aprimorado" sempre existiu. Toda experiência de vida é acompanhada pelo Eu Superior. É a parte sua que não se separou da fonte divina e é constantemente reabastecida por essa fonte, ao passo que o nível consciente extrai da experiência o de que necessita, esvaziando o fluxo vibratório.

Quando sua capacidade psíquica e seus poderes intuitivos estão trabalhando, você, na verdade, está-se comunicando com o seu Eu Superior, ou através dele. Não há absolutamente nada que possa tolhê-lo de usar essa capacidade. Numa emergência, você se utiliza dela automaticamente; quando o nível consciente é incapaz de lidar com uma situação, ele se abre e consente numa investida do poder esotérico, permitindo-lhe agir com precisão e força.

Como ganhar acesso ao eu superior

O acesso ao Eu Superior se inicia com o reconhecimento. Saber que você faz parte da força universal é suficiente para preencher esse requisito. Você tem uma conexão espiritual vital com a força universal, e isso acontece através do Eu Superior. Seu primeiro passo consiste em reconhecer o Eu Superior – um passo único mas simples de ser dado.

A conexão com o eu superior

A conexão com o Eu Superior é, essencialmente, um processo interno. O descobrimento desse fenômeno faz-se dentro de você mesmo. A busca espiritual para localizar o seu Eu Superior ocorre bem no fundo de você mesmo, dentro do chacra do coração. É a partir desse ponto esotérico que você encontra o Elo faltante.

Antes de você tentar usar o exercício "A integração no Eu Superior", seria uma boa idéia deixar que o nível da consciência o ajudasse. Faça-o praticando e experimentando o exercício seguinte, "A aquisição do controle esotérico", que é um esforço consciente para alcançar e experimentar um nível superior de sensibilidade – para alargar e expandir a experiência consciente regular. Começamos com uma flor ou folha como ponto focal. O nível consciente tem a capacidade de associar a beleza natural a uma fonte esotérica não explorada. Existe uma ponte entre os dois níveis, que o aluno principiante transpõe com muita facilidade.

Em seguida, o exercício para integrar-se com o Eu Superior pode ser feito com objetos inanimados, no intuito de aprender os rudimentos da manifestação, método por cujo intermédio podemos apressar o processo esotérico e desenvolver a capacidade física para intensificar a estrutura vibratória das afirmações.

Exercício 7: a aquisição do controle esotérico

Normalmente, quando olhamos para uma flor, admiramos-lhe a cor, a forma e a beleza. Nossas energias fluem na direção da flor. A resposta do que você vê cria, então, um padrão vibratório de sensação, o qual, por seu turno, faz que o seu nível emocional responda de forma adequada.

Imagine seus olhos vendo uma flor. O resultado da visão vai imediatamente para o nível emocional. O seu nível "E" responde e você aprecia conscientemente o fato de ter olhado para a flor.

Mas você pode ir além desse procedimento usual exercitando o controle esotérico e dando início a uma resposta diferente! Você pode estender sua sensibilidade para além do nível físico e do nível consciente. Fazendo este exercício, você aprende a alterar a abordagem consciente normal e substituí-la por uma abordagem esotérica.

1. Sente-se confortavelmente e ponha uma flor ou uma folha à sua frente, sobre uma mesa.
2. Sente-se tão perto da mesa quanto possível para estabelecer um contacto físico próximo.
3. Muito relaxado, olhe bem para a flor. Não se trata de uma contemplação intensa nem de uma concentração.
4. Enquanto observa a flor, retenha essa visão; depois, feche os olhos. Inspire profunda, lenta e confortavelmente. Faça entrar a visão física da flor diretamente através do centro do seu nível emocional. A seguir, visualize a flor e a respiração seguinte subindo diretamente para o centro do chacra do Coração.
5. Retenha a visão da flor e a inspiração entrante no centro do chacra do Coração. Quando começar a soltar a respiração, sinta um chuveiro de OURO de vibrações caindo longe do seu corpo físico. Ao mesmo tempo, sinta a flor inchar e crescer no centro do Coração, tornando-se cada vez mais bela.

6. Prossiga no processo respiratório, aspirando a visão física da flor através do nível emocional e subindo para o centro do chacra do Coração. Solte a respiração confortavelmente e sinta a flor expandir-se em beleza, cor e radiância. Enquanto a flor se expande no centro do Coração, o ar expirado cria um chuveiro de ouro que cai longe do seu corpo físico.
7. Quando a flor aumenta de tamanho e beleza e enche todo o chacra do Coração, suba para o olho interior numa rápida e curta respiração. Solte-a desde o olho interior de volta ao chacra do Coração num enérgico chuveiro de ouro.
8. Agora fique imóvel, com a imobilidade da alma. Entre no chuveiro de ouro, no centro do Coração, e toque a flor. Respire normalmente e ponha-se a aspirar o delicado perfume da flor.
9. Enquanto aspira a fragrância, desça lentamente para o centro do nível emocional. Faça uma profunda aspiração de energia BRANCA. Solte a respiração, que se vai como poderosa força BRANCA; deixe-a espiralar-se em torno do seu corpo físico, e dê graças.

Este curto exercício pode ser praticado com freqüência. Se você usar uma folha no lugar da flor, sinta a fragrância do ar livre e da natureza na fase 8.

Como pode ver, neste exercício você está usando e exercitando os dois níveis da consciência. Não levará quase nenhum tempo para combinar esses níveis. Pratique com freqüência e reserve sempre algum tempo para a contemplação depois de todo exercício esotérico. Se quiser compreender o progresso do seu desenvolvimento psíquico, uma boa idéia será escrever um diário. Muito tempo depois de haver desenvolvido suas habilidades psíquicas, você gostará de volver os olhos para o seu caminho de estudos. Isso lhe será particularmente valioso se se tornar professor ou consultor, pois se lembrará, por meio das próprias referências, os obstáculos e alegrias do descobrimento esotérico. De qualquer maneira, o seu diário do desenvolvimento psíquico passará a ser um tesouro especial. Não se esqueça de registrar as primeiras tentativas; isso o tornará ainda mais interessante.

Quando sentir que alcançou habilidade bastante para praticar adequadamente o exercício anterior, estará pronto para o seguinte. Tome nota das introvisões recebidas, sobretudo durante o tempo de contemplação, depois de cada período de estudos.

Exercício 8: a integração no eu superior

Faça os seus arranjos costumeiros da pré-meditação. Vista roupas folgadas e desfaça-se de jóias, cintos apertados, sapatos, etc. Certifique-se de que não será perturbado. Acendendo uma vela, você acentuará a atmosfera da vibração. Conceda a si mesmo um pouco de tempo para ficar à vontade e relaxar-se antes de encetar o exercício. Escolha um momento em que se sente alerta e pode apreciar os benefícios do nível esotérico. Se adormecer, você ficará frustrado e não receberá os proveitos do estudo esotérico disciplinado.

1. Entre no centro do Coração. Concentre toda a atenção e visualize um centro brilhante de OURO.
   (Espere.)
2. Dê início ao seu padrão de respiração aspirando energia de OURO pelo centro do Coração e liberando OURO por meio do olho interior. Continue respirando desse modo e sinta expandir-se o centro de OURO do chacra do Coração.
   (Espere.)
3. À medida que o centro do Coração se expande em OURO, você também clareia todo e qualquer bloqueio ou negatividade da área do olho interior. Quando se encher o centro do Coração, você mudará o padrão respiratório. Retenha a concentração até ficar preparado.
   (Espere.)
4. Agora o seu centro está cheio de energia de OURO. Faça quatro aspirações curtas, seguidas de uma respiração lenta e profunda. Ao fazer a longa e lenta inspiração, veja uma vara forte erguer-se desde o centro do Coração até o olho interior. Quando a vara de OURO toca o olho interior, lembra uma magnífica abertura do sol por entre as nuvens. Deixe que os raios se estendam e pulsem a partir do olho interior.
   (Espere.)
5. Desde o centro da abertura de OURO do sol por entre nuvens no olho interior, faça quatro aspirações curtas, seguidas de uma profunda e lenta respiração. À medida que faz a longa e lenta inspiração, sinta a forte vara de OURO erguer-se do topo central da cabeça para o chacra da Coroa. Quando a vara de OURO atingir o chacra da Coroa, sinta, mais uma vez, uma libertação magnífica. A força cria uma explosão de energia no chacra da Coroa. Deixe os raios se estenderem e veja a luz que nunca se apaga perfurar a escuridão acima da sua cabeça.
   (Espere.)

6. Respirando normalmente, sinta os raios brilhantes irem além de toda visão impossível. Torne-se o centro dessa experiência espiritual. A luz vem agora do corpo, dos dedos das mãos e dos dedos dos pés. Você está suspenso no universo, cercado pelos raios poderosos que você mesmo criou. Sinta esse poder – sinta a purificação – sinta o impulso para liberar o seu nível consciente e fundir-se com o seu Eu Superior.
(Espere.)
7. Cada respiração normal que você faz aumenta a luz ao seu redor. Olhe diretamente para a frente e verá a luz PÚRPURA do Mestre. Concentre-se nessa luz à proporção que o Mestre se aproxima.
(Espere.)
8. Veja-se estendendo as mãos e tocando a radiância PÚRPURA do Mestre.
(Espere.)
9. O Mestre vira-se e pede-lhe que o siga. Andando diretamente na luz, siga-o até a cúpula VIOLETA à sua frente. Quando chegar à cúpula, observe tudo o que vê, pois isso precisa ser registrado mais tarde.
(Espere.)
10. Estamos agora de pé diante da cúpula da sabedoria. Você encontrará o Eu Superior em algum lugar no interior da cúpula. O Mestre agora lhe faz sinal para que você o siga ao interior da cúpula. Ao entrar, você sente o calor dos raios VIOLETA que pulsam. Vê muitas outras portas e entradas. À sua frente há uma mesa e, em cima da mesa, um rolo de papel. O Mestre lhe informa que o rolo de papel contém o nome do seu Eu Superior. Pergunte ao Mestre quando poderá olhar para o rolo de papel. Preste muita atenção, pois lhe pedirão que libere toda negatividade remanescente. Isso fará você, enquanto o Mestre espera.
(Espere.)
11. O Mestre lhe ordena agora que abaixe os olhos para o pés. Você vê o resíduo cinzento da negatividade a seus pés. Precisa tirar a negatividade da cúpula da sabedoria antes de prosseguir na jornada esotérica. O Mestre abre as portas. Tire a negatividade da cúpula da sabedoria. Está escuro e você está só. A negatividade parece ter crescido e, todavia, ela o engole de um modo quente e familiar. Chame com clareza e em voz alta o Anjo Oriel. Chame "OOO–RIII–ELL OOO–RIII–ELL OOO–RIII–ELL".
(Espere.)
12. Quando o Anjo Oriel aparecer, peça-lhe que o deixe receber ajuda espiritual para liberar a negatividade restante. Preste atenção ao que ele disser.
(Espere.)

13. Faça uma promessa e um voto, dizendo:
"Faço este juramento a meu Mestre e ao Anjo Oriel.
Prosseguirei em minha jornada espiritual.
Conheço que a negatividade é medo.
Jogarei fora meus temores.
Com esta bênção, alcançarei o meu Eu Superior. Amém."
Observe a negatividade desaparecer e desintegrar-se. Quando isso se completar, o Anjo Oriel apontará para a cúpula da sabedoria.
14. Quando a porta se abrir, o Mestre sorrirá e lhe fará sinal para entrar. Atrás de você, o Anjo Oriel estenderá sua santa luz e você sentirá o poder.
(Espere.)
15. Volte para a mesa e veja o rolo de papel. Abra-o e leia o nome do seu Eu Superior.
(Espere.)
16. O Mestre agora o chama por esse nome e pede-lhe que encontre o seu Eu Superior. Ele ficará esperando ao lado da mesa. Agora vá e explore a sua cúpula. Enquanto faz a exploração, chame o Eu Superior pelo nome. Cada vez que se ouvir repetindo o nome do Eu Superior, você ganhará mais e mais força. O Eu Superior está no centro da cúpula da sabedoria. Quando vir o brilho da luz BRANCA pulsando no centro da cúpula, ajoelhe-se e espere.
(Espere.)
17. Agora diga:
"Vim integrar-me ao meu Eu Superior.
Estou aqui para buscar e aprender a verdade."
Agora, desde o centro do seu Coração, chame o nome contido no rolo de papel e espere que o Eu Superior apareça diante de você.
(Espere.)
18. Sinta a alegria do espírito à sua frente. Experimente a beleza e o poder do seu Eu Superior. Olhe e observe as muitas qualidades não usadas que o seu Eu Superior acaba de trazer.
(Espere.)
19. O Eu Superior estende os braços abertos. Adiante-se e amalgame-se com ele. Sinta o poder jorrando dentro de você. Ouça o Eu Superior chamá-lo pelo nome certo. Atente para as palavras de sabedoria enquanto o abraça.
(Espere.)

20. Ao desfazer-se do abraço, sinta as vibrações rápidas e frias que agora se precipitam em derredor do seu corpo. Incline a cabeça e dê graças.
(Espere.)
21. Com a cabeça ainda inclinada, diga adeus ao Mestre. Descanse por algum tempo, enquanto as energias no interior da cúpula penetram em todas as partes do seu ser.
(Espere.)
22. Enquanto você está de pé, escancaram-se as portas da cúpula. Saia para a luz e concentre-se no olho interior e, mais embaixo, no chacra do Coração. Respire fundo e, lentamente, libere a energia. Você está agora estabilizado, equilibrado e pronto para mudar sua vida.

Capítulo 11

O centro do poder

Você é o centro do poder! Depois que descobrir o poder e aprender a aumentá-lo através dos exercícios, você estará pronto para usá-lo. A habilidade com que você usa esse poder determinará a eficiência do seu desenvolvimento psíquico.

A voz de uma criancinha pode ser excepcionalmente alta e exigente. Enquanto ela não aprender a usá-la para falar, só se ouvirão ruídos de nenê. Não é difícil ter uma idéia do que o nenê está querendo – mas não seria bom se ele pudesse expressar com palavras suas necessidades? O mesmo acontece com o poder que você acaba de desenvolver. Aprender a usá-lo bem e com eficiência é o próximo passo. Um bom lugar para começar está em você. A aplicação desse poder com habilidade para enriquecer sua vida não somente será uma prova da sua capacidade, mas também a aumentará. Assim como deres, assim receberás.

Sinto que o aluno sério precisa reservar um período específico de tempo para compreender o centro do poder. À medida que você aprender a haurir dessa fonte, você *passará a ser* a fonte. Seu poder se desenvolverá e aumentará de acordo com o modo com que é utilizado. O poder do Espírito é acessível a todos. Olhando para a vida dessa maneira, vemos que o homem é o centro de sua própria luz. Enquanto percorre o caminho cármico do destino, o homem tende a trabalhar com o seu nível consciente e não tomar conhecimento da sua força.

Depois que você aprende a sorver essa força, os obstáculos cármicos podem ser compreendidos e superados. Os relacionamentos tornam-se mais fáceis e nosso nível de tolerância sobe à medida que nos desenvolvemos espiritualmente. Muitos dilemas nascem da ignorância. A mente humana pode aceitar situações em que se sente forçada a tolerar certas condições. Assim que compreendemos que não podemos encontrar uma resposta nem uma razão lógica, reagimos e começa o problema.

A capacidade de desenvolvimento psíquico ajuda a resolver esses dilemas, que, não raro, são de natureza cármica. Existe um nível mais profundo de sensibilidade. Depois, quando a mente consciente encontra dificuldade em aceitar uma circunstância determinada, o estudioso esotérico recorre às suas habilidades intuitivas e tem uma revelação.

Através de si mesmo

Um segredo antigo, que vale a pena aprender, é que a jornada do aluno esotérico se faz "através de si mesmo". Os obstáculos cármicos que avultam diante de nós são dicas para o caminho cármico. Os Mestres antigos aceitavam-nos como charadas esotéricas. Examinando a situação, remontavam aos primórdios. Os relacionamentos eram considerados envolvimentos pessoais, que resultavam numa análise espiritual, obrigatoriamente verdadeira e objetiva.

Os alunos de hoje são capazes do mesmo procedimento. O medo da auto-análise é o medo de descobrir que você faz jus a críticas. Este é um medo de dar energia ao ego. Intencional ou inconscientemente, as práticas antigas parecem ser evitadas porque precisam ser exatas e lidar com a análise resultante.

A jornada misteriosa "através de si mesmo" leva-o a muitos lugares secretos. A consecução final é o centro do poder. Os planos esotéricos dão a impressão de ser complexos e requerem muita concentração e energia. Você pode ver as coisas desse jeito, como muitos já o fizeram. A complexidade é vista desde o nível consciente e nisso reside o problema (inexistente). Está claro que é difícil quando você considera tudo isso pelo nível errado! A simplicidade está em reconhecer que a energia e a capacidade exigidas provêm da Consciência Superior, a qual, se for reconhecida e desenvolvida, removerá rapidamente todas as barreiras.

Rota direta

Quando você começar a pôr à prova e a experimentar o seu poder intuitivo, evite rodeios. Vá primeiro à fonte, ao centro do que você é. A partir da fonte, vá diretamente ao seu ponto de concentração.

Isso não é tão fácil quanto parece, porque existem ciladas. Quando a mente consciente se dá conta da chegada iminente da Consciência Superior, a primeira resiste. Leva-o logo de volta à realidade, a realidade que você conhece. Assim funciona a consciência, normal e cotidianamente, com o poder de apresentar uma imagem imediata da possibilidade. Ao mesmo tempo, tem um dispositivo de aviso, que transmite um sinal de alerta ou de alarme toda vez que você se desvia da trilha costumeira. Essa energia protetora diligencia impedir que você experimente um estresse desconhecido, sempre que decidir explorar novas fronteiras de pensamento e ação.

É uma energia bondosa e familiar. O nível consciente toma em consideração todos os seus temores e limitações. É também capaz de ser controlada pela consciência superior. Seu caminho cármico pode continuar sendo uma jornada misteriosa, ou pode ser iluminada através da sabedoria do seu Eu Superior. Pode parecer estranho que o nível consciente, que lida com as emoções, ações e situações de todos os dias, seja, na realidade, um foco malcompreendido. Desde o nível consciente esperamos enxergar tudo claramente. Não obstante, iludimo-nos. O que parece claro e conciso é, na verdade, irreal. Com o disfarce da clareza, o nível consciente nos impede de ver a realidade do nosso carma e de entrar em contacto com ele.

A mente consciente hesita em permitir que a luz da Consciência Superior chegue até nós. Mas sem essa luz ou sem o contacto superior, estamos destinados a lidar com cada dia do modo com que ele se apresenta. Entretanto, se você usar a Consciência Superior, terá uma visão muito mais ampla do seu intento e propósito original.

Somente operando diretamente do centro do que você é ser-lhe-á possível ter uma visão ampla da possibilidade. O ajustar-se ao nível confortável e protetor da consciência de cada dia o impedirá de ver o quadro completo.

E isso não é uma questão de funcionar apenas neste ou naquele nível. Depois de reconhecer o centro do que você é, você tem acesso a outras probabilidades. Fica exposto à sua própria força interior e é capaz de desenvolver uma nova competência no exercício da escolha. Não se trata de um caso de tudo ou nada. Você pode usar o nível de Consciência que se apropria à situação.

Quando você começa o seu dia, o nível consciente fará o possível para dar-lhe uma idéia do que você pode esperar. Se as idéias apresentadas tiverem suficiente conteúdo emocional, você se verá confrontado com a necessidade de operar igualmente no nível consciente e no emocional. Nessas condições, sobrecarrega-se de apreensões antes mesmo de começar o dia. Sabedores de que "os pensamentos são coisas vivas", podemos ver que, antes mesmo de acabar a tigela de cereais, você já terá iniciado o seu dia. Quantas vezes você já foi para o trabalho cheio de medo e apreensão? Em vez de fazer coisas novas e empregar suas energias em novas situações, você permite que a mente consciente restrinja a sua expressão. O sentido embutido de cautela torna-se força resistente que não consente que você se abalance a novas e emocionantes possibilidades.

A alternativa é fácil. Venha para o centro do poder, que é o seu próprio centro. O fato de tomar decisões a partir desse ponto lhe permitirá usar o nível correto de consciência. Cada nível operará, então, de acordo com as necessidades estabelecidas pelo seu Eu Superior no centro do poder. Seu acesso pessoal não é difícil. De fato, você pode começar a usá-lo sem delongas. Todas as vezes que sentir uma restrição em pensamento, palavra ou ato, dirija-se ao próprio centro do poder, onde descobrirá suas opções alternativas. O centro do poder contém força e visão para ver todo o potencial futuro.

Exercício 9: o acesso ao seu centro

Este exercício o ajuda a ir diretamente para o seu centro, o que logo será uma coisa fácil e natural de fazer. Você será capaz de entrar no seu centro e concentrar-se sem nenhuma distração. Este exercício pode ser usado como instrumento esotérico. Toda vez que se sentir limitado, use o exercício para livrar-se de energias restritivas.

Sempre que muda de um ciclo de vida importante para outro, você reconhece a natureza e o conteúdo do ciclo iminente. (Pode ser um Ciclo de vida pessoal; veja *Connolly Book of Numbers*, vols. 1 e 2, ou uma mudança importante de ciclotone; veja *Karma Without Stress*.)

Toda vez que sentir o impacto de uma mudança, vá para o seu centro do poder. Só desse nível esotérico poderá determinar se a mudança faz parte do seu destino cármico. Para obter realmente todo o benefício do exercício, faça questão de não tomar decisões importantes enquanto não tiver experimentado a sabedoria encontrada no centro do poder.

Toda vez que entrar em seu centro do poder, você receberá sabedoria e introvisão relativas a um relacionamento. Antes da meditação, escolha alguém com quem tem vínculos cármicos. Escreva o nome da pessoa num pedaço de papel BRANCO. Dobre-o pelo meio e ponha-o ao pé da vela BRANCA.

Prepare-se para o exercício de meditação da maneira usual. Vista roupas folgadas e tire toda e qualquer jóia que possa distraí-lo. Certifique-se de que não será perturbado. Acender uma vela é sempre conducente à meditação. Recomendo-lhe que use uma vela BRANCA para o exercício.

1. Comece concentrando-se no chacra da Coroa, localizado no centro superior da cabeça. Traga toda a sua energia para esse ponto e visualize um disco BRANCO de luz.
(Espere.)

2. À medida que a luz começa a se solidificar, aspire lenta e facilmente desde os pés até o disco BRANCO de luz no topo da cabeça. Retenha a respiração contando até três. Expire para baixo, através do corpo, e visualize a respiração fluindo para fora dos seus pés.
(Espere.)
3. Cada vez que inspirar essa respiração BRANCA, sinta-se em plena fusão com a luz do chacra da Coroa. À medida que a respiração desce por todo o corpo e sai pelos pés, conheça que toda a negatividade está sendo liberada. Continue a respiração dessa mesma maneira.
(Espere.)
4. Sinta agora uma bela energia envolvê-lo. A luz vem do chacra da Coroa. Enquanto a energia brilhante se espirala ao redor do corpo num movimento delicado, sinta todo o seu poder concentrado na luz BRANCA do chacra da Coroa.
(Espere.)
5. Relaxe-se ao sentir as energias BRANCAS protetoras girando em torno do seu corpo.
(Espere.)
6. O chacra da Coroa brilha no topo da sua cabeça. Seu corpo está envolto em energias BRANCAS cintilantes. Dirija sua atenção para o olho interior e, ao olhar à sua frente, verá uma bela energia AZUL-COBALTO. Enquanto a energia adquire forças, sentirá as intensas vibrações AZUIS acercando-se de você. Pouco a pouco, terá a impressão de estar sendo delicadamente empurrado para trás. É uma experiência maravilhosa e curativa.
(Espere.)
7. O AZUL-COBALTO toca todas as partes do seu corpo. Você está indo para trás; está sendo levado para o centro do poder.
(Espere.)
8. Atrás de você há um trono BRANCO. Sinta o poder do trono à medida que se aproxima dele. Quando você retrocede, seu Mestre aparece na energia AZUL-COBALTO que está à sua frente.
(Espere.)
9. O Mestre pega em sua mão. Você se vira e vê o centro do poder. Sente-se no trono e sinta o impacto da sua força interior.
(Espere.)
10. Ao sentar-se no trono, veja tudo mudar para uma luz BRANCA pura. Veja como sua força vibratória se estende para longe de você. Peça ao

Mestre que lhe mostre todas as dificuldades ou dilemas presentes. Eles terão a clareza do cristal, e você tem agora o poder interior de analisá-los e compreendê-los. Se tem perguntas para fazer, faça-as ao Mestre. Ele está sempre com você e sempre pronto para dar-lhe o apoio e a sabedoria do nível do Mestre. Aproveite bem esse tempo!
(Espere.)

11. Você está pronto para usar a nova visão. Desde o centro do poder, você assistirá a um *replay* de qualquer relacionamento prévio que teve com a pessoa cujo nome está escrito no papel BRANCO. O que você vai ver é importante e relevante para a natureza e a circunstância do seu relacionamento atual.
(Espere.)
12. De pé diante de você, o Mestre profere palavras de sabedoria. Ouça-as com atenção.
(Espere.)
13. Continue sentado no trono no seu centro do poder. Aspire luz BRANCA e expire luz BRANCA.
(Espere.)
14. Fique agora de pé e dê um passo à frente, entrando na energia AZUL-COBALTO. Sinta que se move rapidamente para a frente e traga a clareza da nova consciência através das energias AZUIS curativas.
(Espere.)
15. Tudo se aquieta com a quietude da alma à sua volta. A luz BRANCA limpa-lhe todos os aspectos da aura. Fique quieto e sinta as cores da aura equilibradas em seu verdadeiro nível de cor. Sinta a aura estender-se a todas as partes de sua vida.
(Espere.)
16. Afirme, lenta e sinceramente:
"Encontrei o meu centro do poder.
Estou cheio de abundância e energia.
Usarei a sabedoria que aprendi.
Conheço a fonte da minha verdadeira espiritualidade. Amém."

Não se apresse e contemple toda a sabedoria que lhe foi dada. Tome apontamentos no diário e decida controlar sua vida desde o centro do poder.

Capítulo 12

A aura

A divisão e separação esotérica de energias que cercam o corpo físico é muito complexa. Quando nos referimos à "aura" em termos esotéricos, fazemos referência, por via de regra, ao campo de energia psíquica que cerca não só os corpos animados mas também os inanimados.

Uma aura normal sadia pode estender-se de 1,83m a 2,13m além do corpo físico. As cores variam, representando energias vibratórias originadas do equilíbrio interior. Seu equilíbrio físico e mental reflete-se através da aura. Você não nasceu com uma aura verde nem com uma aura azul! Sua aura reflete o que está acontecendo dentro de você em muitos níveis diferentes, e é interpretada conformemente.

Pense na aura como num reflexo do modo com que você pensa e sente. Uma aura bem-equilibrada é radiante e pode estender-se muito além de 1,83m a 2,13m normais. A aura também age como se fosse uma antena. As auras podem tocar-se e fundir-se sem que haja contacto físico! Caminhando numa loja de artigos de mercearia, de um escritório a outro, no trabalho ou no lazer – as auras estão expostas à energia de outras auras.

Isso explica o como nos sentimos em relação aos outros. Estar com alguém que amamos é confortável, mas se o relacionamento for intenso, também poderemos sentir-nos vulneráveis. Às vezes, você se encontra com alguém e sente-se péssimo, ou sumamente contrafeito. Isso pode acontecer estando você na fila do teatro ou sentado numa biblioteca lendo um livro. Toda vez que se sentir desse jeito descobrirá que, se se afastar, seu equilíbrio interno voltará ao normal.

A exposição a áreas não equilibradas pode afetá-lo de muitas maneiras. Se o seu equilíbrio interno for bom, você o recobrará rapidamente. Durante meus anos de pesquisa, também descobri que uma pessoa pode ser governada pela influência de raios dominantes da aura de outra pessoa. Se você se sente melancólico ou deprimido, estará mais suscetível ao fluxo vibratório da aura de outra pessoa e poderá absorvê-lo – seja ele bom, mau ou indiferente. Descobri também que podemos adaptar-nos com muita facilidade à força vibratória dos outros.

A criancinha e a aura

Antes do nascimento de uma criancinha, sua aura já está formada, mas não é necessariamente ativa. Dentro do campo de força da aura de sua mãe, o nenê aprende, primeiro, a misturar a própria identidade com a identidade materna. Isso, naturalmente, é a razão pela qual as mães sempre parecem saber exatamente o que os filhos serão capazes de fazer. Gradativamente, à proporção que a criança cresce e desenvolve a própria força, decide subconscientemente subtrair-se à influência vibratória materna. A subtração nada tem que ver com o amor da pessoa a sua mãe. É a necessidade de estabelecer o próprio campo de força. Onde existe um amor extraordinário e/ou uma conexão cármica, nunca há completa separação entre filho e mãe.

Na terapia regressiva experimental, deparam-nos situações em que uma pessoa conservou a lembrança de acontecimentos ocorridos no lar e na família antes do nascimento físico. Esse tipo inusitado de situação pode ocorrer quando a mãe sofre um estresse exagerado durante a gravidez. Tampouco é incomum reter o nenê um padrão definido de lembrança de acontecimentos anteriores ao nascimento e, todavia, não ter memória do próprio processo físico do parto.

À medida que o nenê cresce no útero, cresce também sua aura. O nenê pode ser suscetível a influências externas, sobretudo nas últimas fases da gravidez materna. Depois que nasce o nenê, há um período indeterminado de tempo em que ele se ajusta ao novo ambiente físico, ao equilíbrio e à projeção do campo de sua aura.

Os pais sentem a miúdo as energias conetivas da criança. Todo e qualquer relacionamento cármico que possam ter tido com o nenê passa a fazer parte integrante da estrutura da família. Há um conhecer e um pertencer, independentes do comportamento ou da similaridade da família – um vínculo muito especial. Isso é traduzido por amor e fica fazendo parte do relacionamento. A aura é o primeiro modo com que começamos a conhecer-nos uns aos outros. Ou gostamos do que sentimos, ou não gostamos. As crianças fazem uso dessa capacidade bem cedo. Não perdem tempo em deixar-nos saber se gostam de uma pessoa ou se gostam de estar em determinado lugar. Os pais devem observar a maneira com que a criança reage e não ser muito açodados no repreendê-la. Afinal de contas, a criança está respondendo a uma inclinação natural. (É evidente que não me refiro às ocasiões em que a criança está-se fazendo difícil ou sendo pura e simplesmente malcomportada.)

Uma criancinha mostra o seu desprazer até de olhos fechados, se sentir algum tipo de desconforto. Enquanto a aura não tiver achado o verdadeiro equilíbrio, a criança permitirá, habitualmente, que qualquer pessoa carinhosa a segure. Volvidas umas poucas semanas, ela se torna mais discernente. Quando o nenê é transferido carinhosamente para os braços expectantes de alguém, reage vigorosamente se sentir uma perturbação no interior da aura.

A imagem da aura

A aura reflete a situação de todos os níveis de consciência. Uma pessoa com visão clarividente natural avalia facilmente os padrões vibratórios contínuos e mutáveis. Uma pessoa com visão normal olha e descreve o que vê. Por exemplo, se um professor e um aluno observarem, ao mesmo tempo, um teste científico, verão a mesma coisa. Se então perguntássemos tanto ao professor quanto ao aluno o que havia realmente acontecido, o aluno o explicaria na medida da sua capacidade. O professor, com o conhecimento anterior do projeto, explicaria precisamente o que acontecera. Dois clarividentes, um com conhecimento natural e outro simples aluno, apresentariam uma situação análoga. Com muita freqüência, é dado por certo que uma pessoa com capacidade psíquica natural é automaticamente capaz de dar uma interpretação precisa e correta do que está vendo. Quando eu era moça, via o movimento contínuo de faixas variáveis de cor em torno de certas pessoas, e interpretava o que via. Só depois de estudar e aprender compreendi realmente o que estava vendo.

Essa é a razão por que podemos ter tantas variações e traduções dos estratos coloridos formados pela aura. Haveria uma exceção, sem dúvida, se a pessoa fosse, ao mesmo tempo, clariaudiente e clarividente. Nessas condições, poderia ver clarividentemente e comunicar-se clariaudientemente. Num caso como este, o médium estaria recebendo um comentário contínuo relativo à sua visão clarividente. Assim, como podemos ver, há muitas formas intrigantes de capacidade psíquica natural. Você talvez tenha tido um vislumbre de uma aura. Isso pode ser emocionante. O exercício seguinte mostra como se desenvolve sua capacidade de ver auras. O exercício é excelente para estudos em grupo, visto que os alunos podem assim participar uns com os outros. Trabalhando com parceiros diferentes, ser-lhes-á possível sintonizar os variados níveis de energia.

Inicialmente, a aura pode ser vista como uma névoa cinzenta ou branca ao redor da cabeça. Com a prática continuada, poderá ser vista finalmente em toda a sua cor.

Cor é vibração.
Vibração é som.
Som é tom.
Tom é cor.

Exercício 10: a observação da aura

Este exercício requer dois alunos que trabalhem juntos. As roupas folgadas são muito importantes no exercício. Retire todas as jóias que possam distraí-lo e encontre posições confortáveis para sentar-se. O parceiro A é o aluno que observa a aura. O parceiro B é o aluno que se relaxa e permite ao parceiro A observar sua aura.

Nas primeiras fases do desenvolvimento psíquico, os dois parceiros devem passar um breve espaço de tempo relaxando-se. Durante esse tempo, as duas pessoas envidarão todos os esforços para liberar qualquer negatividade.

Parceiro B:

1. Esteja à vontade e livre de tensões.
2. Sente-se defronte de uma parede clara, desprovida de quadros ou de espelhos que possam induzir à distração o parceiro A.
3. Durante todo o correr do exercício, os olhos permanecerão fechados.
4. Visualize uma luz BRANCA em torno da cabeça e relaxe-se.
5. Permaneça desse jeito até o fim do exercício.

Parceiro A:

1. Aspire uma luz BRANCA através do chacra da Coroa (no topo do centro da cabeça). Libere a respiração contínua através do olho interior (no topo do nariz, no centro das sobrancelhas).
2. Ao liberar a respiração, visualize a energia indo diretamente para o olho interior do parceiro B.
3. Relaxe-se o mais que puder e continue a respirar num ritmo moderado e suave.
4. Logo verá uma energia formar-se à volta da cabeça do parceiro B.
5. ESTA É A PARTE CRUCIAL DO EXERCÍCIO! Você se sentirá naturalmente inclinado a transferir o seu olhar do olho interior do parceiro e dirigi-lo para a energia da aura em formação. RESISTA À TENTAÇÃO. Se deixar o ponto de concentração, acabará perdendo a visão esotérica.

6. Deixe a energia formar-se, mantendo sua concentração no olho interior do parceiro B.
7. Quando começar a ver a energia da aura, continue relaxado e ponha-se a respirar normalmente.
8. Quando sua visão se extinguir e *antes* de começar a falar com o parceiro, ponha por escrito exatamente o que viu e como aconteceu.
9. É possível que você venha a receber alguma impressão psíquica. Tenha a certeza de estar escrevendo com clareza o que recebeu.
10. Depois que tiver registrado o exercício, poderá pedir ao parceiro que abra os olhos.

Aqui vão algumas dicas adicionais para ter sucesso com este exercício.

1. Os dois parceiros devem estar preparados para respeitar os papéis um do outro.
2. Enquanto mantiver silêncio, você manterá o nível de vibração.
3. O fato de tomar apontamentos antes de falar lhe permitirá ter um diário claro e conciso.
4. Esteja atento a qualquer impressão psíquica que experimentar durante o exercício.
5. Antes de trocar de posição com o parceiro, faça uma pequena interrupção, a fim de que cada um de vocês esteja pronto para desempenhar um papel diferente no exercício.

O professor e os alunos poderão achar interessante afastarem-se do parceiro original e partilhar o exercício com outro membro da classe. Isso permitirá ao aluno constatar que as auras não têm todas a mesma forma, o mesmo tamanho nem a mesma cor.

Alguns alunos trabalham melhor com outros, de acordo com a compatibilidade esotérica. Primeiro, o aluno deve aprender a ver a aura usando os procedimentos do exercício. Feito isso, será capaz de usar sua capacidade facilmente, de maneira informal – sentado num restaurante, relaxado em casa ou em qualquer outra situação comum.

O fato de trabalhar com um amigo e partilhar sua experiência ajuda consideravelmente o início do seu desenvolvimento psíquico. O fato de ver uma aura pode, muitas vezes, fazer que se manifestem outros sentidos intuitivos. Essa é a razão por que sublinho a importância de manter um diário.

Você talvez não pertença a um grupo de desenvolvimento ou não tenha um amigo com o qual possa trabalhar. Se for esse o caso, ainda pode desenvolver sua capacidade de ver auras. Usando o processo de relaxação acima, sente-se numa poltrona confortável ou num divã com um suporte macio para o braço.

1. Comece colocando o braço esquerdo numa posição confortável, de modo que possa olhar com facilidade para a mão.
2. Inspire através do chacra da Coroa, e expire através do olho interior. Visualize o sopro da expiração entrando no centro da palma.
3. Conserve a vista concentrada no centro da mão. Quando vir a energia da aura estendendo-se entre os dedos, mantenha a concentração original no centro e comece a respirar normalmente.
4. Depois que as energias se assentam, registre seu progresso e todas as impressões psíquicas que possa ter recebido.

Psicometria

A psicometria é um procedimento psíquico simples, que permite ao nosso poder intuitivo natural tocar a força vibratória que cerca todas as coisas. Cada objeto tem uma energia à sua volta, personalizada pelo dono. A energia contém poder suficiente para revelar atividades, pensamentos e imagens para alguém que conheça psicometria.

Quanto maior o tempo que uma pessoa tiver tido o objeto, tanto mais fácil será praticar a arte da psicometria. Qualquer espécie de objeto serve, contanto que seja pessoal, alguma coisa que a pessoa usa ou traz consigo freqüentemente. Um anel, um relógio ou um bracelete, usados por muito tempo, fornecerão informações muito melhores do que um artigo raramente usado.

Para praticar a psicometria, deixe de lado o processo normal de pensamento, e permita ao Eu Superior que transmita a informação. Estas são as habilidades do psicômetra. O fluxo sutil de sensibilidade proveniente do Eu Superior impregna o seu nível consciente de muitas formas diferentes. Mas quando temos o "pleno controle da situação", simplesmente não estamos abertos aos sinais que provêm continuamente do Eu Superior. No fazer um esforço deliberado para ser receptivo se resume a habilidade da psicometria.

As perguntas que se costumam fazer a respeito da psicometria são as seguintes: Como funciona tudo isso? Poderei fazê-lo? O que tenho de fazer?

Como funciona a psicometria?

Na verdade, ninguém sabe! Não parece relacionar-se com nenhum dos cinco sentidos aceitos. O Dr. C. G. Jung escreveu sobre o inconsciente coletivo. Referia-se a um corpo de conhecimentos separados, postos de lado, dos níveis normais de consciência. Acreditava ele que todos os seres humanos têm um elo que os liga a essa fonte; que, em certas condições, o homem é capaz de extrair informações do corpo universal de informações, as quais, em seguida, são transferidas para o nível normal da consciência, revelando dados até então desconhecidos.

O inconsciente coletivo é reconhecido de muitas maneiras. É a fonte da energia invisível, que contém toda a sabedoria e todos os conhecimentos. É a força de Deus, a Força Universal, o nível divino de consciência que empolga todas as coisas. O homem pode servir-se dessa energia pura e dela se serve. Diz-se que tudo o que ele é e faz está registrado nesse nível. Mas o homem não se limita apenas às suas atividades, como os registros acásicos. Ele vai muito além desse conceito.

Essa força divina impregna todas as coisas vivas dentro e fora do mundo que conhecemos. É a alma da existência, a alma de todas as coisas. Contém o princípio e todas as coisas presentes e futuras. Completa e indestrutível, representa o santo dos santos e a verdadeira fonte de toda a espiritualidade. É o poder e a majestade finais de todos os céus.

Toda a gente e todas as coisas têm seu lugar individual de espiritualidade. Desde que o tempo começou, o homem tem procurado o Elo faltante. A espiritualidade individual não pode ser separada da própria fonte. Temos o Elo faltante com essa fonte divina. O modo com que expressamos nossa espiritualidade individual determina a medida ou o fluxo de que podemos dispor.

Como funciona tudo isso? Muito simplesmente. Aprenda a liberar o sistema natural de defesa do nível consciente. Esteja aberto a todos os elementos divinos. Aceite livremente o fluxo natural da energia universal e, ao interpretá-la, não acrescente nem subtraia nada à poderosa entrada da verdade. Recuse-se a analisar ou comprometer a inteligência que está sendo transmitida. Olhe para além do seu propósito pessoal e dê-se conta da responsabilidade em que incorre quanto transmite a informação que recebe. É assim que tudo isso funciona.

Posso praticar a psicometria?

Você a pratica o tempo todo – é verdade! A Força Universal reabastece constantemente a sua energia vital. Quando a mente sente o impulso e a motivação para levar a pesquisa além de suas limitações normais, também aceita a responsabilidade da análise. A partir desse ponto, faz-se mais alerta e discriminativa. Existe uma escolha constante de dados que torna indispensável a necessidade de determinar a fonte da informação recebida.

Quando o nível consciente compreende que não pode explicar certas informações, vê-se obrigado a investigar a fonte. O primeiro passo, de ordinário, é o espanto ao reconhecer que essa capacidade, anteriormente considerada como "intuição", sempre existiu e era apenas desconhecida. A intuição, com efeito, nada mais é que um instrumento para obter a introvisão ou ampliar o processo reflexivo normal. É a partir desse ponto que ocorre toda e qualquer forma de desenvolvimento psíquico.

O fluxo universal da energia divina é acessível a todos os seres humanos. Você pode eleger para seu uso um método particular de adivinhação que expresse seu próprio fluxo pessoal. É a mesma energia a que chamamos "amor" e "compaixão". É a verdade, a cura, a necessidade de ajudar os outros pela amizade, pelo aconselhamento ou pela adivinhação. O modo com que você usa a Força Universal é sua opção e expressão pessoais. Essa é a responsabilidade suprema da espiritualidade.

Nossa pergunta cifra-se nisto: "É possível?" A resposta é sim. A maneira que você escolher passa a ser uma questão de escolha pessoal, determinada pela sua estrutura espiritual individual. *Gnothi Seauton*, "Conhece-te a ti mesmo", é o ponto de partida. O ingrediente espiritual consiste em saber o que é bom e o que é certo para você. Desse ponto de observação, você pode alçar-se às esferas universais do conhecimento e receber farta sabedoria. Tudo começa com o desejo de desenvolver sua percepção. Alimente o desejo íntimo de explorar seu potencial espiritual. Abra-se para a orientação interior que você recebe.

Você precisa contribuir para o seu desenvolvimento. Não pode esperar que ele aconteça por si. Nutra a necessidade de conhecer e de compreender. Estes simples requisitos fornecer-lhe-ão nova e emocionante concepção espiritual.

O que tenho de fazer?

Usar a habilidade da psicometria é ter consciência da força vibratória que cerca todas as coisas. O ponto de partida ideal é um artigo usado, surrado, ou que você costuma trazer consigo regularmente. Resista às limitações do nível consciente. Segure o artigo em apreço e permita à mente consciente aceitar o que você está fazendo. Não tome conhecimento das dúvidas internas e, enquanto segura o objeto, espere receber a informação. A informação pode revelar-se de inúmeras maneiras. O psicômetra ouve, vê ou sente a natureza da energia que circunda o artigo.

Tenha em mente o fato de que as impressões iniciais não se relacionam com você. O que você ouve, vê ou sente não é, normalmente, o que ouviria, veria ou sentiria. Você está sintonizando outra corrente de energia. Por não ser familiar ao seu sistema sensitivo, bem poderia dispensar a informação que está tentando decifrar-se através da sua conexão esotérica. Seja como for que sua mente consciente se deixe impregnar pela informação desconhecida, libere-a exatamente como a recebe.

"Posso ouvir ...."

"Vejo ...."

"Sinto ...."

Evite usar palavras que não ouve, não vê nem sente. Sua habilidade desenvolver-se-á rapidamente se você reconhecer que é apenas um instrumento. Através da sua capacidade e sensibilidade, você pode tocar a fonte universal. O fato de ser um psicômetro não o restringe a nenhum método particular de sensibilidade. Quando segurar um objeto, você descobrirá que algum aspecto do seu ser é ultra-sensível – uma parte de você está falando e transmitindo informação, ao mesmo tempo que o seu nível consciente pode estar contestando sua competência em fazê-lo. Evite esse conflito interno e, quando estiver praticando a psicometria, esteja aberto para receber.

Primeiras habilidades do psicômetra

Nos simples procedimentos seguintes reside a habilidade da psicometria. Antes de você começar realmente a pôr à prova sua capacidade, experimente levar a efeito os exercícios preliminares seguintes. O Poder de Concentração é importante. Aprenda a concentrar-se acima do nível consciente normal. Depois que sua mente se modifica e submete à entrada da Consciência Superior, a psicometria é relativamente fácil.

Considere os procedimentos preliminares como "empurrões" mentais. Quanto mais você se exercita, tanto mais depressa atingirá a meta. Para começar, aprenda a controlar sua concentração em objetos cotidianos. Durante as tarefas mundanas comuns, costumamos conceder à mente uma liberdade total – dependendo, está claro, do tipo de trabalho que estamos executando. Numa situação em que você se sente livre para permitir à mente que divague, use o tempo para exercitar o seu Poder de Concentração.

Exercício 11: como concentrar-se

A mente é o que o cérebro faz. Por isso, quando você tenta mudar o seu nível de consciência, cumpre-lhe registrar a informação com as células do cérebro. A não ser assim, a mente tende a adejar aqui e ali. Se você pensar no cérebro como um computador, e na mente como o disquete, verá que a primeira coisa que deve fazer é ligar o computador. A seguir, use os controles do computador a fim de prepará-lo para o programa que você deseja usar.

Aprender a concentrar-se é, praticamente, o mesmo processo. Comece trazendo toda a sua atenção para um objeto. Isso não é apenas interessante, mas é também educativo. Imagine-se simplesmente ligando o seu "computador cerebral" e dirigindo sua atenção para um item pequeno. Uma caneta, por exemplo. Se olhar casualmente para a caneta, sua mente, com extrema rapidez, absorverá tudo o que vê e o avisará de que se trata de uma caneta. Exercitando o seu poder individual, você dirá, "Isso não basta; fale-me mais a respeito da caneta".

O exame do objeto

A caneta:

1. Qual é o comprimento da caneta?
2. Qual a circunferência da caneta?
3. Qual a cor do estojo?
4. Qual a cor da tinta?
5. Qual o tipo da caneta?
6. Quem a fabricou?
7. Tem ela uma tampa separada?
8. É automática?
9. É uma caneta-tinteiro?
10. Quantas cores há na caneta?

11. De que é feita ela?
12. É uma caneta barata?
13. É cara?
14. A quem pertence?
15. Onde foi que você a conseguiu?
16. Há quanto tempo a possui?
17. Usa-a com freqüência?
18. Gosta de escrever com ela?
19. Quando a usou pela última vez?
20. Por quê?

É só uma lista de vinte perguntas – e poderia haver mais. O simples fato de escrever a lista e olhar para a caneta fez funcionarem as células da minha memória. Vi-me abastecido de informações que eu armazenara anteriormente. Algumas eram interessantes – como, por exemplo, o modo com que eu conseguira a caneta. Outras eram triviais, e senti a mente querendo estender-se a outras áreas.

A concentração, portanto, requer autocontrole. Escolha um objeto qualquer e experimente fazer este exercício. Toda vez que sua mente se sentir inclinada a prosseguir, traga-a de volta com firmeza, e depois substitua o objeto da sua concentração. Quanto mais você praticar esse exercício, tanto mais fácil se tornará ele. É realmente maravilhoso para reviver velhas lembranças esquecidas, que você armazenou em outras ocasiões. Tente isolar o objeto para que ele não lhe transfira a concentração. É melhor colocá-lo à sua frente, em vez de tê-lo na mão. Desse jeito, você não se verá tentado a deixar sua atenção deslizar para anéis ou relógios, ou qualquer outra coisa capaz de atraí-la. Se você mantiver os olhos fitos no item, tanto melhor. Não olhe à sua volta na sala nem olhe para outras coisas. Praticando regularmente, você logo desenvolverá a capacidade de examinar, sondar e fazer a si mesmo muitas perguntas sobre o objeto.

Como transferir a concentração

Depois que desenvolver proficiência na concentração, estará pronto para aplicar essa habilidade a objetos pertencentes a outros. Quando o fizer, lembre-se de que a psicometria é a habilidade de interpretar exatamente o que você sente ou recebe, sem justificá-lo.

Por exemplo, um baterista aprecia o ritmo e o som da bateria. Outra pessoa pode ter uma reação inteiramente diversa ao mesmo som. Eis aí por que é importante que o psicômetra revele exatamente o que recebe, em lugar de querer interpretá-lo. Se você disser ao baterista que associa o barulho alto à incapacidade de pensar, ele poderá pensar que você se refere à quinta sinfonia de Beethoven! O mesmo acontece com a cor. Nunca se refira a uma cor dizendo-a "sem atrativos" – descreva-a como você a vê ou sente. Alguns anos atrás, numa classe de principiantes, tive duas alunas que trabalhavam juntas. Uma confessou que se sentia muito feliz, mas não podia compreender "aquele terrível vestido verde", que era, obviamente, uma parte importante da sua interpretação psicométrica. Finalmente, a segunda aluna respondeu e disse-lhe que aquele era o vestido que ela usara no segundo casamento. Ela adorava aquele tom de verde!

Sugerir idéias que correspondam ao que você está sentindo frustra todo o propósito da psicometria. Deixe que a pessoa que segura o item encontre suas próprias pistas, à medida que você relata exatamente o que recebe. Se você demorar o tempo suficiente concentrado no item, acabará colhendo peças esparsas de informação. O dono do objeto logo as juntará e admirará sua habilidade de psicômetra.

Aqui está uma lista do que o psicômetra deve e não deve fazer – uma lista básica de instruções. Você logo desenvolverá seu próprio estilo e expressão. Se precisar de algum tempo para absorver as energias circundantes antes de falar, será prudente de sua parte explicá-lo ao dono do item. Ou você poderá descobrir que tem aptidão para sintonizar dados exatos, mas perde a aptidão se for interrogado. Se for esse o caso, diga-o ao dono antes de começar.

O que se deve e o que não se deve fazer

O QUE SE DEVE FAZER	O QUE NÃO SE DEVE FAZER
Não se apresse na experiência.	Ter pressa.
Siga os procedimentos corretos.	Tomar por atalhos.
Peça itens mais antigos.	Trabalhar com novos itens.
Conte ao dono como você trabalha.	Trabalhar de qualquer outro modo.
Diga exatamente o que está recebendo.	Exagerar.
Comunique pequenas minudências.	Descartar-se do que quer que seja.
Consiga outro item se for preciso.	Continuar se lhe der um branco.
Fique descontraído e concentrado.	Trabalhar no meio de barulho.
Diga: "Estou ouvindo", "Estou vendo", "Estou sentindo."	Tentar interpretar.
Pare quando se sentir cansado.	Fazer só mais uma vez!

Uma forma interessante e maravilhosa de experimentar o que se deve e o que não se deve fazer é escolher um velho objeto de família. Você pode gostar mesmo de trabalhar com antigos objetos de família e colher, surpreendentemente, informações que não conhecia. Talvez lhe seja recompensador e divertido conferir com membros da família a validade do que recebe.

Objetos para psicometria

Aqui está uma lista ideal de objetos para usar em psicometria:

Caneta	Relógio	Livro	Pente
Carta	Colar	Moeda antiga	Espelho
Chave	Anel	Documento antigo	Cachecol
Molho de chaves	Bracelete	Fotografia	Brinquedo velho

Estou certa de que você pode aumentar, e aumentará, a lista. Lembre-se de que quanto mais velho for o artigo, tanto mais fácil lhe será recolher a força vibratória. Dependendo das suas tendências mediúnicas, você pode receber grande quantidade de informações a respeito do dono original.

Luz branca

Antes e depois deste exercício (ou de qualquer exercício ou prática espiritual), é bom você se proteger com Luz Branca pura, para aclarar toda negatividade e criar a atmosfera espiritual correta.

1. Visualize uma bola de Luz Branca debaixo dos pés.
2. Veja-se aspirando o conteúdo da bola de Luz Branca.
3. Ao fazer a INSPIRAÇÃO Branca, tire-a de debaixo dos pés e erga-a até o ponto mais alto possível acima da cabeça.
4. Solte e exale a respiração como Luz Branca, e deixe-a cair pelo corpo abaixo, até chegar abaixo dos pés, formando uma Pirâmide Branca de luz desde o ponto acima da cabeça até debaixo dos pés. Diga silenciosamente, "Amém".

Exercício 12: a prática da psicometria

O processo é muito simples mas eficaz. Peça o tipo de objeto com o qual você prefere trabalhar. Afaste-se do dono e siga as seguintes instruções:

1. Visualize uma fina linha BRANCA de energia que se estende do olho interior (o topo do nariz entre as sobrancelhas) até o nível emocional (localizado logo acima da linha natural da cintura e abaixo da caixa do tórax).
2. Visualize a fina energia BRANCA movendo-se rapidamente entre os dois pontos; ao mesmo tempo, segure o objeto com a mão direita, colocando-o diretamente sobre o nível emocional.
3. Deixe a linha BRANCA de energia mover-se, célere, entre os dois pontos, até senti-la estabilizar-se e tornar-se uma vara forte e firme de energia BRANCA.
4. Você está pronto para receber o impacto da energia que rodeia o objeto.
5. Segurando ainda o item com a mão direita encostada no nível emocional, concentre-se no objeto e relate o que recebe. Evite tentar agradar ou raciocinar com a informação. Relaxe-se apenas e transmita exatamente o que vê, ouve e sente. Estas são as habilidades iniciais do psicômetra.
6. Enquanto a informação estiver fluindo para dentro, deixe que suas mãos se adiantem ligeiramente e segure o item entre as duas mãos.
7. Se perceber queda ou falta de energia traga a mão direita de volta ao nível emocional enquanto segura o objeto. Estabeleça outra vez uma vara firme de energia BRANCA até que ela se estabilize.

Capítulo 13

Automatismo

Automatismo é um termo usado em parapsicologia para identificar atividades paranormais que se exercem sem a percepção consciente. Essa área da parapsicologia é muito complexa. Existem funções psíquicas interligadas, e outras que são simples derivações de outra função. Todo método individual vem essencialmente da mesma raiz antiga da prática esotérica. Esses velhos métodos de expressão psíquica tornaram-se mais e mais sofisticados através dos séculos.

Consideram-se as atividades espirituais precedidas da palavra "automático" habilidades psíquicas especializadas, tais como:

Escrita automática	Desenho automático
Pintura automática	Fala automática

Automatismo motor

Algumas formas de automatismo ocorrem sem controle aparente ou sem intenção consciente. Essa categoria, geralmente conhecida como *automatismo motor*, ocorre quando a pessoa é capaz de reter um nível normal de consciência, embora se manifeste uma energia através do corpo físico. É parecido com o caso em que a pessoa tem um tique nervoso num olho, por exemplo. Ele acontece e a mente consciente não pode controlá-lo fisicamente. Alguns exemplos do automatismo motor são: usar um pêndulo; sonambular; movimentar um copo de vidro; fazer inclinar-se uma mesa.

Existem diferenças distintas de abordagem e consciência quando lidamos com o automatismo e o automatismo motor. Estes são o automatismo pessoal e o automatismo de grupo.

O estudo em grupo pode ser útil porque lhe permite descobrir prontamente, numa classe, se você tem ou não aptidão natural.

O automatismo geralmente é conduzido em estado de transe, e o médium se acha num nível diferente de consciência. Afirmam alguns que, durante o processo, ficam inconscientes e acreditam que o responsável é o espírito de alguém que já morreu. Segundo outra teoria, algumas pessoas são capazes de mudar, sem o saber, o nível de consciência e executar, criar ou produzir habilidades, informação e talento não considerados parte normal da sua personalidade. Isso indicaria a existência de uma parte da personalidade capaz de produzir essas coisas, que parece não relacionada e requer um ponto de concentração outro que não o costumeiramente usado.

Como identificar a fonte

De um modo ou de outro, dir-se-ia que pessoas comuns produziram algumas obras notáveis de poesia, literatura e oratória. A linha divisória muitas vezes é difícil de decifrar. Diversas fontes são atribuídas ao automatismo:

1. O espírito de algum morto, que transmite seus conhecimentos e se comunica por meio de um médium, que está numa situação semelhante ao transe e não tem consciência da informação que recebe.
2. O mesmo caso acima com uma diferença: o médium tem uma compreensão parcial do que está acontecendo. Permanece plenamente consciente, mas ainda assim contribui para a expressão da energia oriunda de uma fonte que não é ele mesmo – uma entrada de energia atribuída a uma individualidade espiritual.
3. Uma mudança de consciência que dá acesso a células cerebrais normalmente não usadas. Ocorre uma mudança definida que, aparentemente, capacita o médium a fornecer informações ou demonstrar habilidades que não se consideram parte da sua personalidade normal. Acredita-se que dotes e talentos usados numa vida pregressa são acessíveis e localizados no cérebro; e que, em determinadas condições, a pessoa é capaz de socorrer-se dessas capacidades passadas.
4. Uma capacidade não definida de ser fisicamente receptivo a uma fonte externa de energia.

A abordagem correta

Toda comunicação psíquica deve ser controlada e compreendida pelo participante. Há professores e escolas de aprendizagem que ajudam a identificar e estabelecer a fonte esotérica da informação, e proporcionam o treinamento necessário. A tentativa de induzir uma situação de transe não é aconselhável sem uma compreensão ou uma instrução correta prévia ministrada por um professor profissional.

Todas estas práticas devem ser levadas a sério. O seu estado de espírito e a sua abordagem influirão na energia e determinarão a natureza da informação que você recebe. Como acontece com qualquer outro processo de estudo, uma abordagem séria proporciona os melhores resultados.

Mantenha um diário em que você registra o seu progresso e conceda um limitado espaço de tempo a cada período de estudos. Transcreva exatamente o que recebe e tome nota de todas as perguntas que faz. Evite períodos longos e cansativos de estudo. Se receber informações insatisfatórias ou simples baboseiras, interrompa o que está fazendo e recomece em outra ocasião. Essas regras básicas lhe darão os melhores resultados.

Escrita automática

A escrita automática requer paciência e bom senso. No começo, a mão talvez se mova devagar. É então possível que ela progrida até chegar a fazer rabiscos indeterminados, a partir dos quais deverá verificar-se um firme desenvolvimento da escrita. A caligrafia real pode ser qualquer uma das seguintes:

1. A sua própria!
2. Um estilo completamente diferente de caligrafia.
3. Estilos múltiplos de caligrafia.

Entretanto, se bem o método de comunicação seja a "caligrafia", a questão não é o tipo da caligrafia. O que se há de considerar é o conteúdo. Se você sentir, por exemplo, que está recebendo grande cópia de palanfrórios, pouco importa a qualidade da caligrafia. Às vezes, a escrita automática contém peças de informação inteiramente espirituais ou filosóficas. Se essa escrita lhe for realmente desconhecida, provirá claramente de uma fonte alheia a você. Mas você pode realizar extrações poéticas das partes mais profundas da sua própria mente. Quando isso acontece, uma parte de você sabe o que está acontecendo! Descontinue e recomece.

O método da comunicação

A escrita automática pode ser um método de receber informações gerais, procedentes de vários níveis esotéricos. A orientação pessoal e a informação pertinente relacionadas com a sua vida podem ser recebidas. Ou você recebe informações de outros. Uma comunicação dessa natureza, muitas vezes, é quase instrutiva. Quando recebe uma escrita como essa, sem nenhuma identificação da fonte, você deverá perguntar de quem ou de onde provém a informação. Afinal de contas, se você recebe dois ou três parágrafos de informação, não deve ter dificuldade alguma em solicitar à fonte o seu nome.

Outro método interessante de comunicação se parece com um processo de perguntas e respostas. Esse tipo de contacto geralmente se desenvolve depois que o aluno conclui os procedimentos iniciais e se sente completamente à vontade com o que está fazendo. Isso quase sempre começa com a identificação da fonte por si mesma. A seguir, talvez indaguem de você se tem alguma pergunta para fazer, ou poderão dar-lhe conselhos e depois convidá-lo a fazer perguntas.

Você deve ter idéias pessoais firmes a respeito da entrada ou do conselho recebido de outro nível consciente. É importante que saiba com quem se comunica. Trate-se com respeito e não se abra nem se torne disponível para "qualquer coisa". Se alguém lhe telefonasse e não lhe dissesse como se chama, não é provável que você se deixasse estar ali sentado e candidamente aceitasse o pretenso conselho. O seu nível consciente precisa estar seguro de que você está levando a cabo um empreendimento sério pois, de outro modo, não ficará satisfeito com os resultados.

Exercício 13: como praticar a escrita automática

Sente-se numa posição confortável. Tenha pronta uma caneta macia, fácil de segurar, e um bloco de papel de escrita. O acendimento de uma vela concorrerá para a criação de uma boa atmosfera espiritual. Reserve para si um período de tempo e, quando o tempo tiver acabado, complete o seu estudo. Certifique-se de que não será perturbado. Relaxe-se e comece.

1. Segure a caneta frouxamente com a mão – apenas o suficiente para saber que está segurando uma caneta. Não se esqueça de que está apenas segurando a caneta. Na verdade, não é você quem vai escrever realmente.
2. O ponto seguinte pode parecer estranho, mas é importante: Permita que a sua mente divague por onde puder! Pense no que fez hoje no trabalho, ou pense num membro da família, ou num determinado relacionamento. Limite-se a *não* pensar na mão, na caneta ou em qualquer escrita. Quando a caneta se puser a escrever deliberadamente, dirija seus pensamentos para longe. Deixe apenas que as coisas aconteçam e coloque os pensamentos em outro lugar. Uma boa concentração exterior é a leitura de um livro!

3. Quando estiver preparado e tiver a caneta na mão, crie a sua Luz BRANCA.
4. Você agora está pronto para receber. Pode ser que, no começo, tenha de esperar muito tempo. De qualquer maneira, quando o espaço de tempo reservado para a experiência tiver acabado, interrompa a sessão.
5. No princípio, é muito comum receber garranchos e rabiscos. Esperamos, contudo, que isso logo progrida para transformar-se numa escrita de verdade. Se uma energia vai se valer da sua mão física para escrever, então, pelo menos, devemos conceder-lhe um pouco de tempo para ajustar-se.
6. Depois que você receber um trecho de escrita e a caneta parar, será de bom alvitre pedir à energia que se identifique. Por alguma razão, a expectativa de resultados da escrita automática varia de um extremo a outro. Em alguns casos, as pessoas têm recebido importante evidência de identidade e informações relevantes. Por outro lado, você pode encontrar mensagens disparatadas ou infantis. É nesse ponto que lhe cumpre tomar uma decisão firme. Você pode escolher entre continuar e relaxar por alguns momentos para depois recomeçar, pedindo uma mudança de energia.
7. Guarde os seus papéis para o seu registro pessoal. Escreva a data das sessões e compraza-se na sua abordagem séria, assim como em todos os procedimentos esotéricos.

Seja sempre persistente nas indagações, se a escrita lhe informar que você está sendo aconselhado por um parente falecido, um personagem histórico ou qualquer outra fonte. Obtenha o maior número possível de informações e faça uma pesquisazinha para confirmá-las.

Capítulo 14

Rabdomancia

Por séculos, várias formas de pêndulos têm sido usadas para adivinhação. A rabdomancia é um processo semelhante, visto que ambos pertencem à categoria do automatismo motor.

O instrumento da rabdomancia é uma varinha mágica. Por via de regra, o rabdomante sério trabalha com uma vara em forma de Y. Os antigos usavam uma vara de aveleira, mas o rabdomante de hoje escolhe e usa o instrumento de sua preferência. O rabdomante bem-dotado pode dispensar o uso da varinha mágica – fá-lo-á usando simplesmente os dedos estendidos e, assim, localiza a presença de água. A prática da rabdomancia remonta à Idade Média e agora é praticada especialmente em regiões primitivas. O trabalho do rabdomante era importante para descobrir fontes de água doce. A varinha mágica é também conhecida pelos nomes de varinha de vedor ou varinha-de-jacó.

A rabdomancia não se limita a encontrar água. Metais debaixo da superfície do solo e objetos perdidos também podem ser localizados. Um bom rabdomante chega a estender sua habilidade à procura de "pessoas desaparecidas". A rabdomancia é considerada um talento notável e muitas pessoas respeitáveis a praticaram.

Cada rabdomante tem sua técnica particular, desenvolvida através da pura experiência. Falando de um modo geral, cada rabdomante gastará uma quantidade de tempo considerável percorrendo meticulosamente a área escolhida. Usando o seu instrumento, que é a hidroscopia, ele examina o solo até a varinha mágica reagir involuntariamente, indicando assim a localização procurada.

Os rabdomantes freqüentemente se especializam. Alguns, por exemplo, são capazes de localizar água e determinar-lhe a profundidade. Outros podem especializar-se em metais e objetos perdidos. Os rabdomantes, aparentemente, possuem uma habilidade natural única. Famílias houve que se orgulhavam de transmitir essa capacidade de uma geração a outra. As origens da rabdomancia provieram da necessidade! As pessoas precisavam de água e a precisão inspirou ao homem a vontade de recorrer a antigas habilidades naturais. Imagine – uma forçosa confiança no eu que obrigava uma capacidade inerente a aflorar!

Você talvez gostasse de descobrir o seu talento rabdomântico. Você poderia começar no quintal de sua casa, ou, quem sabe, dando um passeio pela zona rural. Ou usar uma praia, se morar perto de alguma, ou descobrir uma floresta maravilhosa – algum lugar em que se sinta só e livre para fazer experiências.

A primeira coisa que você precisa adquirir é a sua varinha mágica pessoal. Você pode querer fazer experiências com o velho método da aveleira. O fato é que, se tiver uma tendência natural para a rabdomancia, realmente não importa o tipo de varinha que usar inicialmente. Mais tarde, quando tiver aperfeiçoado a técnica, poderá divertir-se aprimorando os instrumentos. Existem diversos livros que o ajudarão a determinar formas, tamanhos e materiais diferentes para tipos particulares de atividades rabdomânticas.

No princípio, porém, escolha entre as seguintes espécies de varas: um galho natural com uma ponta em forma de Y, ou uma varinha de metal, feita de arame, com uma ponta em forma de Y.

Os espaços ao ar livre são mais conducentes à rabdomancia do que o confinamento nos espaços interiores. Lembre-se de que você está explorando a capacidade não definida de ser fisicamente receptivo a energias outras que não as suas. A exposição ao ar livre é espiritualmente revigorante e realça sua própria estrutura de energia pessoal. O passo seguinte é resolver o que gostaria de achar com a varinha mágica. Você pode escolher um dos seguintes: conchas, moedas, vidros, chaves, flores ou água.

Depois de decidir o que deseja encontrar, você redigirá uma proclamação. O conteúdo da proclamação será transmitido, junto com o seu desejo, à Consciência Superior. Desde esse nível, o Eu Superior dirigirá a energia requerida, tornando o corpo físico agudamente alerta enquanto você dirigir a busca.

Para o exercício preparatório você precisará do seguinte:

Papel branco de escrever.
Uma caneta.
Uma das seis espécies de objetos acima, escolhida por você.
Um pequeno recipiente, em que possa pôr o objeto.
Sua primeira varinha mágica, com a ponta em forma de Y.
Um caderno de apontamentos, para anotar todos os pormenores.
Uma vela branca, para acentuar a concentração.

Exercício 14: preparação para a rabdomancia

1. Escolha uma destas seis espécies de objetos:
   Concha Moeda Vidro Chave Flor Água
2. Escreva em negrito, no topo do papel, o nome do objeto escolhido. Para as finalidades deste exercício daremos preferência a uma vasilha de água.
3. Sobre uma mesa, disponha seu objeto escolhido, seu diário, a varinha mágica, a folha de papel para escrever e a caneta.
4. Acenda a vela BRANCA para aumentar a concentração e para colocar-se numa Luz BRANCA.
5. Segure o objeto que você elegeu, olhe para a chama da vela com o olho interior, e diga:

"Peço que o poder da verdadeira adivinhação seja aumentado ao redor de mim para que eu tenha consciência da Força Universal. Dentro da pureza desta vela Branca e da luz Branca ao meu redor, peço que meu propósito e minha intenção sejam abençoados."

Pegue agora a varinha mágica com a mão esquerda e o recipiente com a direita. Segurando-os perto da pureza da chama, diga:

"Peço paz, tranqüilidade, equilíbrio e harmonia. Peço que as energias puras da Força Universal impregnem meu humilde instrumento de adivinhação. Peço paz, tranqüilidade, equilíbrio e harmonia. Peço que eu seja guiado através da pureza e da luz no uso desse poder para descobrir os elementos do meu testemunho."

Com a mão esquerda, toque o objeto que está na mão direita. Olhando para a chama com o olho interior, diga:

"Prometo ao poder divino ter a intenção pura e cumprir diligentemente esta promessa."

Deponha tranqüilamente a varinha mágica sobre a folha de papel e sobre esta proclamação:

"SEI QUE O PODER UNIVERSAL ESTÁ À MINHA DISPOSIÇÃO. COM ESSE PODER USAREI MEU INSTRUMENTO DE ADIVINHAÇÃO PARA ENCONTRAR..." (Escreva o que está procurando e assine o seu nome a fim de personalizar a proclamação.)

Energia rabdomântica

A prece no exercício de preparação deve ser feita na véspera de cada expedição rabdomântica. Se você desenvolver a força e conferir à proclamação sua energia consciente, tornará a rabdomancia mais eficaz. Conserve a proclamação na bolsa ou na carteira. Toda vez que a vir, seu Eu Superior se lembrará de sua intenção consciente de fazer uma excursão rabdomântica.

Deixe, pelo menos, um intervalo de três dias entre o exercício de preparação e a prática da rabdomancia. Durante esse tempo, sinta o desenvolvimento da confiança e de uma nova energia para a experiência rabdoscópica. Você é a fonte, você tem o poder e a capacidade de ser bem-sucedido na rabdoscopia. Trata-se apenas de aceitar o fato para possibilitar tudo isso. Você precisa acreditar em sua capacidade esotérica e, com paciência, fé e prática, não tardará a desfrutar os resultados da rabdomancia.

A experiência rabdomântica

Depois dos dias de preparação e até o dia da rabdoscopia, reforce de contínuo sua força interior repetindo a proclamação.

No dia em que der início ao primeiro trabalho rabdomântico, vista roupas folgadas e proteja a cabeça do sol, se for necessário. Um empreendimento como este poderá ser muito emocionante se você trabalhar com mais alguém. Vocês poderão trocar idéias e um parceiro registrará tudo o que acontece enquanto o outro estiver fazendo a rabdoscopia. Permaneça o mais calmo e relaxado possível. Lembre-se de que a rabdomancia é um dom natural, que ainda não experimentou. Você está aprendendo a socorrer-se de uma energia e de um poder de que, até agora, talvez não tenha tido consciência.

Se for possível, deleite-se com a experiência ao lado de um rabdomante experimentado, que possa ajudá-lo a interpretar os muitos sinais sutis da rabdomancia. Um rabdomante experiente aprende a responder a muitos sinais e indicações diferentes, para os quais um novato pode facilmente fechar os olhos.

Se estiver trabalhando com um companheiro que também carece de experiência, ambos aprenderão juntos. Escolha um lugar tranqüilo e isolado. Deponha a varinha mágica no chão com a proclamação e espere uns poucos momentos sossegados antes de começar. Concentre a mente no seu poder interior e deixe a varinha mágica e a proclamação fundirem-se com o seu propósito.

Agora você está pronto para explorar a área que escolheu. Segure a varinha mágica à sua frente e esteja atento a toda e qualquer mudança. Por mais imperceptível que seja, faça uma pausa e veja o movimento desenvolver-se. Peça ao companheiro que tome nota de cada alteração e da área exata em que ela ocorre. O recebimento do mais ligeiro movimento pode indicar uma orientação proveniente do Eu Superior. Depois da pausa, dê um passo à frente devagar e, logo, retroceda. Agora, sempre devagar, dê um passo para a direita e volte ao ponto inicial. Repita os mesmos movimentos indo para a esquerda. Se a sua varinha mágica responder, siga a direção por ela apontada, ainda com movimentos lentos. Movimentos rápidos não o deixarão receber os frágeis impulsos da varinha mágica. Fique extremamente atento e siga os sinais da varinha. Continue explorando.

Um puxão ou um empurrão fortes indicam uma área que deve ser resolutamente investigada. Sua proclamação determinará o modo com que você deve explorá-la em seguida. À proporção que desenvolver sua habilidade rabdomântica, precisará de peças de equipamento mais sofisticadas. Um instrumento para cavoucar, alguma coisa sobre a qual possa ajoelhar-se, uma máquina fotográfica, talvez, e uma sacola ou recipiente adequados para recolher os seus achados.

Depois da primeira expedição rabdomântica, visite todos os tipos de áreas interessantes e especializadas. Você provavelmente, desejará entrar em contacto com uma boa organização que possa ajudá-lo com informações adicionais. Essencialmente, estará explorando sua aquisição de poder – aprendendo a reconhecer-lhe a existência e aplicando um esforço consciente para usá-lo e controlá-lo. Pode ser que você nunca venha a ser um rabdomante perito, mas pode, sem dúvida, aprender como funciona a rabdomancia e desfrutar a antecipação de achar alguma coisa escondida mediante o uso do seu poder interior.

O pêndulo

No mesmo campo de expressão temos o pêndulo. Na verdade, a varinha mágica é uma forma de pêndulo, que envolve o mesmo tipo de energia. A diferença está em que o pêndulo pode ser usado dentro de casa, ao passo que a rabdomancia é, essencialmente, uma atividade ao ar livre. Ambos se baseiam na teoria de que o poder reside dentro de você, e não no instrumento usado.

O pêndulo é um peso pequeno, suspenso de uma corrente, de uma corda ou de um fio. Usa-se em várias práticas esotéricas. E pode ser usado na rabdoscopia, como instrumento de diagnose. Alguns rabdomantes se utilizam do pêndulo quando procuram certos minerais, água e óleo. Usuários experimentados de pêndulos possuem uma variedade de belos pingentes. Alguns, bem exóticos, tornam-se simbólicos para o usuário. Escolher o seu pêndulo pessoal é quase o mesmo que selecionar uma corrente de chaves. É uma questão de preferência. Quanto mais inusitado for o pingente, tanto mais esotérico pode tornar-se para o usuário.

Para o fim de pôr à prova sua habilidade com o pêndulo, você pode usar qualquer tipo de pingente. Uma chave da casa ou uma conta grande são ótimos. A corda ou o fio não deve ter menos de 30,48cm nem mais de 45,72cm de comprimento. Uma braço forte e firme, um bloco de papel e uma caneta, além de uma boa dose de paciência são os únicos outros ingredientes necessários.

O primeiro passo consiste em descobrir o próprio jeito básico de comunicação por intermédio do pêndulo, usando um sistema simples de "Sim" e "Não". Definir um "código" desse tipo é importante pois, de outro modo, você não saberá o que significam os movimentos do pêndulo. Conquanto muita gente esteja convencida de que um movimento direto para trás e para a frente significa uma coisa e um movimento circular significa outra, o fato é que isso difere para cada indivíduo.

O pêndulo é um instrumento esotérico. Você é a fonte de poder e energia, o canal que permite à energia sobreviver. Primeiro que tudo, portanto, faça uma prova inicial e, como sempre, antes de participar de um procedimento esotérico, derrame Luz Branca ao seu redor.

Escreva alguma coisa numa folha de papel e faça alguém escrever a mesma coisa em outra folha de papel. Segure a corrente do pêndulo sobre a folha original e deixe o fundo do pêndulo tocar levemente o papel por um momento. Agora pergunte: "Fui eu quem escreveu isso?" Espere o pêndulo mover-se num padrão definido – por exemplo, em círculo ou para trás e para frente. Retire a escrita original e substitua-a pela outra. Repita a pergunta e, mais uma vez, note o movimento do pêndulo. Se o resultado forem dois movimentos separados, você terá estabelecido o seu próprio código pessoal "Sim" e "Não".

Continuando agora com a prova inicial, determine seu código pessoal para "Macho" e "Fêmea". Observe o tipo de movimento. A segunda pergunta pode ser a respeito de alguém do sexo oposto. Se você receber dois movimentos diferentes, estará desenvolvendo seu código pessoal de comunicação.

Às vezes se passa algum tempo antes de você ter uma resposta. Garanto-lhe que, se for paciente, logo será capaz de trabalhar com o pêndulo. Existem muitos exercícios simples que você pode fazer. Por exemplo, ponha um envelope sobre a mesa e pergunte se a carta veio de um "Macho" ou de uma "Fêmea". Pergunte se está chovendo lá fora e verifique se o sistema do "Sim" e "Não" continua intacto. O fato de certificar-se mediante essas perguntas simples lhe permitirá fazer perguntas de natureza mais séria. Boa idéia é redigir uma lista simples de perguntas que exijam respostas "Sim" ou "Não" e também "Macho" e "Fêmea". Assim que estiver seguro de sua habilidade com elas, poderá prosseguir.

Quando as perguntas se tornam sérias e depois que as respostas tiverem sido verificadas e provadas, o aluno mostra-se curioso. Muito se falou e escreveu a respeito de fenômenos psíquicos, mas há uma tendência para ladear a questão principal. Enquanto existir um sentido de comando e controle pessoais, isso é plenamente aceitável. Mas quando recebemos comunicação e informação inteligentes, que normalmente não seriam conhecidas, isso passa a ser um problema, a menos de se identificar a fonte.

Todas as atividades precedidas de Luz Branca e de uma abordagem séria devem ser registradas num diário permanente do desenvolvimento psíquico. Para eliminar a dúvida e o medo, você deve sempre reconhecer a verdadeira fonte, que tem origem na Força Universal. Sua intenção, sua integridade e sua sinceridade não somente o protegerão contra a negatividade, mas também atrairão o nível que você procura.

Sempre, *sempre*, se reconheça como a fonte pura. O semelhante atrai o semelhante, de modo que você pode receber informações passadas, presentes e futuras, como as vê o seu Eu Superior. É também possível que possa ir além desse ponto esotérico. No seu desejo de buscar a verdade e a sabedoria, o Eu Superior pode atravessar os níveis puros do Mestre. Nesse caso, a informação recebida desse nível elevado pode vir em forma de conselho e/ou orientação.

O nível do Mestre está separado da Consciência Superior. A fim de estabelecer ligação com esse nível mais alto, você precisa aproximar-se dele através de sua espiritualidade individual – isto é, através do eu, indo diretamente para o próprio poder, que dá acesso a um reino espiritual mais elevado. Nesse nível, existem almas altamente evoluídas e o Eu Superior pode conseguir um nível mais alto de orientação espiritual.

Quando falamos de anjos, guias e Mestres, estamo-nos referindo ao nível mais elevado da existência espiritual. Ao reconhecer a nossa própria fonte espiritual, podemos atingir um nível elevado de espiritualidade pessoal destituído de todo e qualquer interesse mundano. Essa é a sua alma, o você verdadeiro, já não restrito a questões físicas ou materiais. A força e a pureza do Eu Verdadeiro é a alma que entra, vida após vida, em busca da perfeição espiritual e do aprimoramento da existência.

O Eu Superior aproxima-se livremente do nível do Mestre. A entidade espiritual do nível do Mestre é a miúdo personalizada e reconhecida pelo Eu Superior como fonte adicional de sabedoria.

Essa fonte magistral de sabedoria tem acesso a todo conhecimento. O Eu Superior comunica-se com o nível do Mestre e transmite seus descobrimentos ao nível consciente. Porque o nível consciente tem necessidade de conhecer a fonte, o Eu Superior relaciona essa informação a ele desde o nível do Mestre. Para permitir que o nível consciente conheça a diferença, o Eu Superior determina e depois identifica a fonte mais elevada. Assim como os pais dão um nome ao filho, assim o Eu Superior dá um nome ao enviado espiritual responsável pela fonte de sabedoria e conhecimentos. Esse nome é reconhecido pelo nível consciente como o de um anjo, um guia ou um Mestre.

A linha esotérica

Todo esse processo não precisa continuar sendo um mistério para o aluno sério. Quando a verdadeira fonte da espiritualidade se transforma em meta realística, cada nível de aprendizagem se identifica facilmente. Existe uma linha de comunicação esotérica. O fato de seguir essa linha faculta à mente consciente compreender a função espiritual dos níveis esotéricos.

O formato

1. Reconheça sua própria fonte de espiritualidade. Saiba que você tem força e poder contínuos.
2. Proteja-se sempre com a Luz Branca. Isso o leva imediatamente para a sua fonte pessoal.
3. A partir desta fonte você tem acesso ao seu Eu Superior.
4. O Eu Superior tem acesso aos níveis mais altos da existência espiritual, onde se podem obter a sabedoria e o conhecimento. Referimo-nos a essa fonte chamando-lhe o nível do Mestre.
5. No nível do Mestre, o Eu Superior pode se comunicar com almas evoluídas, que dão orientação e assistência ao nível consciente na Terra.
6. No intuito de ajudar o nível consciente a compreender a fonte espiritual, o Eu Superior identifica e dá nome ao contacto espiritual.

7. Esse enviado espiritual geralmente é reconhecido como anjo, guia ou Mestre.

Em suma, reconheça a sua fonte espiritual; atinja o Eu Superior através do eu; peça a identidade espiritual da informação entrante e satisfaça-se com a verificação recebida.

Este formato não se limita a um aspecto particular da pesquisa psíquica. Em todas as áreas de meios desconhecidos ou pouco familiares de comunicação, ele deve ser levado em conta. Se uma pessoa toca a campainha da porta de sua casa, você quererá saber por que ela está ali. Depois que ela lhe der uma razão, você exigirá informações adicionais – o nome e a identificação. As mesmas garantias são necessárias em todos os níveis esotéricos. Nunca aceite coisa alguma por assente, averigúe sempre.

Podemos ver que, através do eu, somos capazes de comunicar-nos com os vários níveis espirituais. Embora a pompa e a circunstância não sejam necessárias, a disciplina o é! Você ingressa em seu caminho espiritual da disciplina através da Luz Branca, e depois, à proporção que se abre para os níveis esotéricos, a mente consciente precisa satisfazer à sua curiosidade e ao seu intelecto.

A mente consciente, por conseguinte, forma um padrão de inquirição, estabelecendo sua autenticidade a cada passo. Não existe um método só. Cada indivíduo trabalha com o que sente ser espiritualmente substancial e satisfatório. Em razão dessas necessidades internas de segurança, o homem, no correr dos séculos, formulou procedimentos ou rituais necessários, à feição de diretrizes e passos, a fim de ir além dos padrões "normais" do pensar e do comunicar-se.

Quer trabalhe com um pêndulo, quer trabalhe com qualquer outro tipo de adivinhação, você deve aproximar-se "através do eu". Nunca se arreceie de pedir novas informações. Se, por exemplo, lhe derem o nome "Jack", é perfeitamente razoável perguntar o sobrenome também. Interrogue sempre a fonte da informação recebida. O seu Eu Superior estará atento à fonte, e também o fará saber se você está sofrendo a influência do seu nível consciente. Sentindo-se em dúvida ou insatisfeito, retorne à fonte e à Luz Branca e recomece.

Rituais, ou padrões formulados de condução da pesquisa psíquica ou adivinhação, na realidade, são passos pessoais de confiança em seu caminho espiritual de disciplina, que se tornam habituais e importantes. À maneira que cada passo o conduz ao passo seguinte, você se sente confiante ao preencher seu formato ou suas regras auto-impostas. Os rituais de outras pessoas podem deixá-lo desconfortável, simplesmente porque você não tem as mesmas necessidades. O ritual é como a roupa – muito pessoal, e um estilo nem sempre se ajusta a outrem.

A Luz Branca pode ser considerada parte da sua fórmula pessoal. Representa proteção, pureza de intenções e o desejo de alcançar os níveis espirituais da sabedoria e da compreensão. Seja qual for o modo com que você cria, a Luz Branca torna-se importante. Quando sua mente o tiver confirmado, este será o único jeito de ter certeza. A forma com que você aborda sua espiritualidade interior é a chave para o seu Eu Superior. Sem essa chave, você poderá sentir-se incapaz de atingir a sua própria sabedoria mais elevada.

Capítulo 15

Como sintonizar o seu interior

O fato de você pôr-se à prova assegura à mente consciente a possibilidade de receber informações procedentes de uma fonte superior. Depois de se convencer disso, você ganhará confiança suficiente para compartir da sua capacidade com outros. Ao iniciar um processo de auto-experimentação, você não precisa usar nenhum processo divinatório especial. A auto-experimentação semelha os "empurrões" psíquicos. Muitas coisas interessantes ocorrem diariamente! Você já aprendeu a misturar os padrões de pensamento conscientes e psíquicos. Através dos anos, desenvolveu uma habilidade automática, que lhe permite extrair conhecimentos de duas fontes, ou níveis. Assim que obtém a informação de que precisa, canaliza-a diretamente através da mente consciente. O que aconteceu foi que, em sua necessidade ou busca de conhecimento, você vasculhou o nível consciente; se a resposta fosse inacessível, teria sondado automaticamente o seu centro psíquico. Todo esse processo se completa tão rapidamente que você nem sempre se dá conta do modo com que obteve a informação.

Para fazer um teste pessoal, você precisa aprender a se apoiar inteiramente no seu centro psíquico. Este é um processo simples e pode ser bastante agradável. Na próxima vez em que tocar o telefone, pare por um momento, e verifique se lhe é possível dizer quem está telefonando para você. Outra auto-experimentação simples é tentar dizer que horas são. Antes de fazê-lo, pare por um momento e deixe o centro psíquico trabalhar para você. Dali a pouco tempo, será capaz de levar a cabo esses processos simples. Sem olhar para a correspondência, pegue cada item e verifique se sabe dizer-lhe a procedência. Na próxima vez que guardar alguma coisa em lugar não lembrado de sua casa ou escritório, pare por um momento e verifique se pode obter-lhe psiquicamente a localização.

São inúmeras as maneiras com que você pode pôr-se à prova. Não desista – continue tentando, e logo perceberá o seu progresso. Isso o ajudará a confiar no seu centro psíquico. A princípio talvez seja difícil. Sua mente consciente talvez se sinta insegura. Com a prática, porém, você aprenderá a não tomar conhecimento da dúvida do nível consciente.

Visto que já emprega certa dose de habilidade psíquica, por meio da auto-experimentação, logo compreenderá o quanto. A partir desse ponto, poderá desenvolver novas maneiras de se experimentar. Em nove pedaços de papel, cada qual aproximadamente de 19cm quadrados, escreva os números de um a nove. Vire-os de cabeça para baixo e verifique se é capaz de reconhecer cada um corretamente. O toque é uma ajuda valiosíssima para esse tipo de experimentação. O fato de deixar seus dedos tocarem o papel ajuda muitíssimo. Está visto que você pode usar cartas comuns de jogar ou comprar cartas especiais, destinadas ao desenvolvimento psíquico.

Não se trata de você ter ou não ter um centro psíquico – todo o mundo tem! Assim como todos temos um corpo físico, de forma e tamanho particulares, assim também todos temos um centro psíquico. Com um bom exercício esotérico, você aprende a desenvolver um coeficiente mais elevado de sensibilidade. Mencionei umas poucas e singelas auto-experimentações, e esta é uma boa forma de encetar seu próprio desenvolvimento psíquico. Aprender como você realmente responde, a maneira com que o faz, lhe proporciona um bom ponto de partida.

A reação à cor

A cor empresta sua influência a toda gente e a todas as coisas. Determina a atitude e o estado de espírito, de acordo com a sua receptividade pessoal. Os padrões de comportamento recebem a influência das cores circundantes. Cada indivíduo é afetado de modo diferente, dependendo do impacto que uma cor específica exerce sobre ele.

Logo que pensamos em cor, respondemos em vários níveis de consciência. A cor faz parte da natureza, das flores, das plantas e das árvores. A mudança de estações produz enorme impacto sobre nós. Mesmo agora, enquanto lê, você forma na sua imagem mental grandes mudanças de cor. Os animais não variam apenas no tamanho, mas na cor também, e dependem da cor para muitas coisas – acasalamento, caça, etc. A beleza e a majestade da vida são apresentadas numa variedade magnífica de cores. Sentimos o impacto da cor nas roupas, na comida, nas condições do lar e do ambiente de trabalho. Cada cômodo da casa é importante e as cores de determinada sala tanto podem acentuar a atividade quanto restringi-la.

O violeta, o anil e o azul são cores de uma extremidade do espectro. São cores boas para um fundo de quadro e cada uma delas deve ser considerada em associação com a esperada atividade da sala. Na extremidade oposta do espectro das cores temos o vermelho, o laranja e o amarelo, três cores boas para acordos, visto que possuem um padrão vibratório mais extenso. O violeta, o anil e o azul, com um padrão vibratório mais curto, surtem efeito mais relaxante. O verde, a cor média do espectro, acrescenta força de estabilidade às seqüências de cores opostas.

A resposta de cada um às cores difere de indivíduo para indivíduo. É por isso, por exemplo, que o verde não é a cor favorita de todo o mundo! A receptividade individual se origina de nossas estruturas de cor pessoais. Cada cor tem seu próprio espectro interno também, desde o matiz mais ligeiro até os tons mais profundos. Numa cor há um sem-número de matizes sutis, confortáveis e complementares em relação à estrutura esotérica interna, ou que talvez provoquem um sentido de desarmonia e desequilíbrio. A sensibilidade à cor principia no nascimento, de modo que você pode ver como é importante ter consciência das energias, apoiadoras ou não, das cores que nos cercam.

A cor ou é complementar ou é desgastante para as delicadas estruturas esotéricas. Governado pelos dois sistemas nervosos separados, o homem responde à vida e ao ambiente por intermédio de uma série complexa de impulsos físicos, mentais e espirituais. O sistema nervoso involuntário é projetado de modo que tem uma função automática, que provê do que é necessário o corpo físico. Isso inclui o mecanismo da respiração, o coração, os fluidos vitais e o sistema digestivo. O outro sistema, processo voluntário, tem seu ponto central no cérebro. Esse segundo sistema governa a nossa capacidade de pensar e de ter ciência de sensações que dão início a toda ação que empreendemos.

A cor nos afeta o metabolismo em todos os níveis, conscientes ou não. O efeito intrigante da cor também estimula o nível consciente superior. O poder da cor acelera o elevamento da consciência, como na meditação. Ainda que você se sinta deslembrado da cor, cada aspecto do seu ser está exposto aos padrões vibratórios gerados por ela.

Se as influências vibratórias da cor forem conducentes à delicada estrutura esotérica, criarão um sentido de bem-estar. A demasia ou a escassez da cor influi conseqüentemente no equilíbrio esotérico. Você pode não gostar de alguma coisa tão simples quanto um vestido ou uma camisa exclusivamente por efeito da cor; o mesmo lhe acontece em relação a uma sala ou a um quadro. Assim que você rejeita uma cor, a mensagem correspondente é enviada diretamente ao nível consciente e você poderá surpreender-se reprovando alguma coisa de que, de ordinário, gostaria se a cor fosse diferente.

Velas coloridas

O acendimento de velas coloridas libera um vigoroso impacto de vibrações de cor. A chama representa luz, vida e energia. Quando se acende uma vela, ela fornece um fluxo contínuo de energia, determinada pela cor da vela. O fato de você sentir-se bem indica que está recebendo o tipo certo de energia. Isso lhe acentua a meditação e você se mostrará apreciativo e receptivo quando a energia particular servir de sustentáculo às suas necessidades esotéricas.

O fluxo vibratório criado pela chama da vela pode ser muito estimulante. Cada cor empresta sua energia de sustentação.

Graus de cor

Cada cor tem seu próprio coeficiente de expressão, e cada qual tem muitos matizes sutis. Pense no vermelho, e deixe a mente visualizar o matiz mais leve do vermelho. Visualize agora, em sua mente, o matiz mais escuro e mais profundo do vermelho e você não só perceberá a diferença mas também poderá senti-la de fato.

(Se você achar difícil visualizar os matizes sutis de uma cor, use outros meios de conduzir seu teste pessoal da cor. Visite a loja local de tintas ou de ferragens e consiga um cartão de cores, que mostre os vários matizes de cada cor. Qualquer loja que venda artigos de pintura lhe fornecerá lápis de cor ou qualquer outra informação pertinente à cor.)

Tome agora a cor verde. O verde representa fundamento, disciplina e ordem. Uma pessoa pode evitar o exercício dessas qualidades ou exercitá-las em demasia. Em qualquer caso, reconhecemos o uso real do fluxo vibratório pelo tom resultante da cor. Podemos ver um matiz mais leve do verde ou um matiz mais profundo. Cada cor tem sua seqüência vibratória própria. Dependendo das circunstâncias, a pessoa pode vacilar entre a freqüência mais alta ou mais baixa da cor, o que representa um sentimento de instabilidade ou desequilíbrio. Outro exemplo seria o da pessoa que opera constantemente com os tons mais leves, dando a entender que ela tem alguma dificuldade em estabelecer sua verdadeira personalidade. O extremo oposto seria o de alguém que só existe nos tons mais profundos, indicação de uma personalidade dominante.

Tais exemplos representam situações extremas. A pessoa comum flutua na sua própria escala vibratória de expressão. A lei do carma é mais do que evidente quando analisamos o modo com que a tabela numérica dos nascimentos se converte no espectro da cor. A estrutura original do nascimento indica exatamente como a alma pretendia viver esta determinada vida. Não se faz mister um estudo profundo para ver o propósito esotérico em relação com a estrutura da cor dada pelo nome.

Na tabela seguinte encontram-se as sete cores do arco-íris, e suas expressões positiva e negativa. Raramente alguém funcionaria continuamente sob uma influência positiva ou negativa extrema; na maioria das vezes, são as formas mais sutis dessas influências que se tornam parte observável da personalidade.

COR		EXPRESSÃO POSITIVA	EXPRESSÃO NEGATIVA
VERMELHO	=	INDIVIDUALIDADE	EGOÍSMO
LARANJA	=	COOPERAÇÃO	AUTOCOMISERAÇÃO
AMARELO	=	AUTO-EXPRESSÃO	PRESUNÇÃO
VERDE	=	DISCIPLINA	PROCRASTINAÇÃO
AZUL	=	LIBERDADE	INDULGÊNCIA PARA CONSIGO MESMO
ANIL	=	EQUILÍBRIO	CAOS
VIOLETA	=	SABEDORIA INTERIOR	IGNORÂNCIA

Alimento e cor

O alimento também concorre para o equilíbrio esotérico. Às vezes, os alimentos necessários a um indivíduo podem ser desprazíveis. Esotericamente, é bom ingerir alimentos complementares à sua estrutura ingênita – mormente se você estiver indisposto.

Sem levar em conta o modo com que a cor é usada na vida, isso funciona! De mais, de menos – quer se trate de comidas, quer se trate de roupas ou de decoração, a cor aumenta ou diminui nosso equilíbrio espiritual pessoal. Por mais difícil que pareça, o desjejum, na realidade, monta a cena para as nossas atividades diárias. Por exemplo, um copo de suco de laranja, seguido de ovos e café, produz uma dose imediata de energia da cor quando o seu dia se inicia.

O suco de laranja proporciona uma entrada perfeita de laranja puro, que o ajuda a ser cooperativo e a ter consideração para com os outros.

Os ovos propiciam a estimulação do nível emocional, visto que aumentam o fluxo vibratório do amarelo. Isso lhe permite ser expressivo sem medo nem reservas.

O café também dá substância ao nível emocional, e fornece os estímulos indispensáveis à criatividade e à expressão.

Todos os alimentos devem ser considerados em função da necessidade esotérica. Categorias de alimentos vermelhos, laranja e amarelos contribuem para o aumento de energia – não somente física, mas também mental e espiritual.

A demasia ou a escassez de cada categoria aumentará ou diminuirá o tipo de energia que você requer pessoalmente. Cada qual tem suas próprias necessidades específicas. Uma dieta bem-equilibrada de cores, excelente para você, pode não funcionar necessariamente para o seu parceiro. O exercício seguinte destina-se a ajudá-lo a classificar os alimentos. Veja quantos itens você come normalmente de cada grupo. Em seguida, analise essas preferências por alimentos.

À medida que você classifica sua escolha normal de alimentos, nos grupos de cores, dá-se conta de como a dieta se tornou parte da sua personalidade. "Você é o que come", é um dito antigo e muito verdadeiro! Se você verificar que está perdendo uma seqüência inteira de cor, isso acabará transparecendo em sua personalidade, em seus esforços e em suas metas.

Exercício 15: grupos de alimentos esotéricos

COR	AMOSTRAS DE ALIMENTOS	SUAS PRÓPRIAS PREFERÊNCIAS
VERMELHO	Tomates, beterrabas	____________
LARANJA	Cenouras, laranjas	____________
AMARELO	Limões, bananas	____________
VERDE	Feijões, alfaces	____________
AZUL	Uvas, vacínios	____________
ANIL	Inclui alimentos do AZUL e do VIOLETA	____________
VIOLETA	Berinjelas, amoras-pretas	____________

Capítulo 16

Em sintonia com o exterior

À proporção que aprende a sintonizar o interior, você assimila conhecimentos esotéricos. Depois que você "conhece" de forma absoluta como essa informação trabalha por você num nível pessoal, você pode começar a "sintonizar o exterior". Observe como a lei esotérica funciona para toda a gente. Compreenda que o poder universal está ao alcance de todos. E funciona exatamente do mesmo jeito para todos. Como acontece com a matemática, depois de aprender as leis essenciais que governam o assunto, você pode realizar toda a casta de computações. As leis básicas da matemática permanecem sempre as mesmas, como "dois e dois são quatro". Quanto mais aprender, tanto mais saberá.

A aplicação da lei esotérica aumenta a sua espiritualidade e também lhe fornece o vigor necessário para você chegar ao fim do seu caminho de vida. Quanto mais você aprender, tanto mais reconhecerá quão raro se praticam as leis cármicas. A lei do carma é lei da causa e efeito. Por conseguinte, é vital estabelecer algumas causas bem definidas. Depois que você tiver feito isso, a lei esotérica produzirá os efeitos.

Observe como as pessoas que o cercam mantêm o equilíbrio. Veja com quanta facilidade você e os outros podem perder o equilíbrio. Esteja atento às leis cármicas e saiba que todo ato de romper situações e relacionamentos é seguido da necessidade de reconstruir. A lei cármica é natural e opera automaticamente. Não podemos lutar com a harmonia e o equilíbrio das leis universais. Assim sendo, corre a todos nós a obrigação de respeitar essas leis, e de fazer um esforço constante a fim de reter nosso equilíbrio pessoal em todas as coisas.

Quando um estudioso do esoterismo atinge certo nível de conhecimento e compreensão, aprende a não tomar em consideração os mecanismos de defesa do homem e a dirigir sua atenção, em todos os momentos, para sua própria natureza espiritual. O emprego de energias desnecessárias para defender, controlar e sustentar o ego exerce um efeito devastador sobre a própria coisa que você está tentando proteger. Você é responsável pelo seu relacionamento com Deus. Muito melhor do que combater a negatividade dos outros é contribuir para as deficiências aparentes. A oração feita para curar nos níveis físico, mental e espiritual beneficiará todas as partes interessadas.

Sintonize o exterior e perceba que a luta e os dilemas que você vê estão presos nas limitações do ego. Enquanto você não puser mãos à obra, será difícil desfazer-se dos elos egoístas. Aprenda a substituir falsas seguranças e esteja disposto a largar os velhos modos de atingir metas cansadas e aceitar ousadamente os novos.

O acesso ao seu centro psíquico

Imagine o corpo físico como uma casa de muitos cômodos. Num desses cômodos está o seu centro psíquico. Algumas pessoas têm pronto acesso ao centro psíquico. Outras podem ficar surpresas ao saber-lhe da existência. O como você se sente no tocante ao seu centro psíquico não tem relação alguma com o fato de que ele não somente existe mas que você pode localizar essa área esotérica única.

Levando a analogia mais adiante, imagine que a porta que dá para o seu centro psíquico está fechada. Localiza-se no "segundo andar", num nível superior. Você precisa de uma resposta e, do outro lado da porta fechada, consegue ouvir indistintamente uma voz – mas é incapaz de compreender o que ela está dizendo. Em vez de subir até a sala e abrir a porta, você decide achar um modo alternativo de lidar com a situação!

No entanto, encerrados dentro do centro psíquico, estão maravilhosos e surpreendentes instrumentos de vida. Pode parecer muito mais rápido encontrar modos alternativos de resolver uma situação em curso, mas depois que você localiza o mecanismo solucionador correto, verifica que os dilemas demorados e repetidos não tornam a apresentar-se. E depois que lida corretamente com um problema, este não mais produzirá problemas futuros.

O funcionamento interno

Na realidade, não é difícil reconhecer a existência do seu centro psíquico. Pense nos cinco sentidos do homem: audição, visão, paladar, olfato e tato.

O ouvir, o ver, o provar, o cheirar ou o tocar requerem uma atividade interna do corpo. Num instante, podemos aproveitar-nos de todos os cinco sentidos. Por exemplo, enquanto servimos uma xícara de um bom café forte, ouvimos uma voz. À proporção que o dono da voz se aproxima, podemos sentir (cheirar) um perfume familiar. Virando-nos na direção da voz, vemos alguém que conhecemos. Para reconhecer o estado do relacionamento podemos abraçar a pessoa ou apertar-lhe as mãos. Nesse breve momento, teremos usado todos os sentidos do homem.

Você desenvolve um sexto sentido exercitando o seu centro psíquico pessoal. Existem muitas maneiras de abordar o desenvolvimento interior. Alguns métodos de adivinhação podem ligar automaticamente a pessoa ao respectivo centro psíquico.

Certos procedimentos de adivinhação alertam os sentidos superiores, permitindo o acesso imediato ao centro psíquico. A meditação é um modo excelente de abrir e desenvolver o sexto sentido. Existem os mais bem dotados, que parecem ter nascido com um sexto sentido altamente desenvolvido. Lembre-se, porém, de que o atleta olímpico não veio ao mundo com tênis de correr nem com um dardo na mão! A consecução de um padrão olímpico requer concentração, esforço continuado, paciência e treinamento meticuloso. O mesmo se pode dizer do desenvolvimento psíquico.

Se estiver preparado para treinar com empenho, como um atleta olímpico, você atingirá um alto padrão de habilidade. Tudo começa com o *querer*. Você precisa *querer* atingir um padrão elevado, e estar preparado para trabalhar no sentido da sua meta. Aí, então, poderá ter certeza de lograr os resultados que pretende. Isso exige mais do que ler um livro. Faz-se mister a aplicação do que você lê, estuda e aprende para abrir o seu centro psíquico. Em dado momento, você pode desejar encontrar um professor que o ajude a atingir os níveis que procura. Quando isso acontece, você precisa ter certeza de localizar o professor certo – alguém que compreenda suas necessidades e trabalhe ao seu lado para conseguir os altos padrões espirituais que você estabeleceu para si. Um bom professor o guiará e estará em sua companhia enquanto você percorrer seu caminho espiritual.

Exercício 16: como descobrir sua freqüência vibratória

Todos os exercícios esotéricos e/ou as meditações reclamam roupas folgadas. Se for possível, use o BRANCO. Neste exercício, porém, é *necessário* usar o BRANCO, a fim de estabelecer uma posição esotérica neutra. Se você estiver usando outra cor, esta o impedirá de receber a informação de que necessita.

Você precisará de sete peças de pano – lenços ou cachecóis são perfeitos para o exercício. O tipo do material não importa, embora a seda seja o ideal. Quando você usa seda, torna-se mais agudamente consciente da freqüência vibratória. Recomendo aos consultores e professores que usem seda, a fim de garantir um processo esotérico, ao mesmo tempo, acurado e satisfatório.

Os benefícios físicos, mentais e espirituais obtidos com a experiência, podem prepará-lo para conseguir sete peças de seda com as cores do arco-íris, de modo que você pode usar o exercício otimamente para determinar suas necessidades de freqüência da cor diária, semanal ou mensalmente.

O exercício requer duas pessoas. Certifique-se de que tem um parceiro suficientemente sério para permitir-lhe a realização deste teste esotérico.

A pessoa que passa pelo teste é a pessoa A.

A pessoa que conduz o teste é a pessoa B.

Pessoa A

1. A pessoa A vestirá roupas folgadas BRANCAS, sem nenhuma espécie de jóias.
2. A pessoa A estará de pé sobre alguma coisa BRANCA, que tanto pode ser uma toalha de mesa quanto um tapete ou um grande pedaço de papel branco.
3. Mantenha-se ereto com os pés ligeiramente separados e os olhos *fechados*. Isto se destina a garantir uma resposta clara, destituída de qualquer energia do pensamento.
4. Os braços devem estar dirigidos para baixo e levemente apartados do corpo, com as mãos estendidas e abertas.

Pessoa B

1. A pessoa B também estará vestida de BRANCO, sem jóia de espécie alguma. Qualquer outra cor usada pela pessoa B influirá de uma ou outra maneira, nos resultados do exercício esotérico.
2. Permaneça a cinco ou seis passos de distância do parceiro A, certificando-se de que ele está corretamente de pé, com os olhos cerrados.
3. Peça ao parceiro que visualize a energia BRANCA em toda a sua volta. Agora peça ao parceiro que faça três aspirações de energia BRANCA.
4. Agora diga, "Enquanto conto até sete, relaxe-se e sinta a energia BRANCA cercando-o. Conte até sete, em voz alta, devagar.
5. Tenha prontos os panos de arco-íris. Escolha o que quer usar primeiro.
6. Peça ao parceiro A que estenda o braço esquerdo. Coloque o pano de leve na mão dele.
7. Ponha a mão direita no braço do parceiro A, acima do cotovelo, e peça-

lhe que ofereça resistência enquanto você lhe empurra o braço para baixo e para o lado do corpo dele.

8. Faça isso três vezes e observe a resistência ou a falta de resistência por parte do parceiro A. Lembre-se de que, durante todo o processo de experimentação o parceiro A deverá manter os olhos *fechados*.
9. Agora tire o pano da mão esquerda do parceiro A e coloque-o na sua mão direita. Conduza o mesmo teste, empurrando o braço direito três vezes e observando a reação.
10. Continue o teste da mesma maneira com cada um dos panos. Destine um pequeno intervalo de tempo entre cada cor de modo que o parceiro A possa recuperar o equilíbrio interior antes de cada teste de cor.

Observações sobre o teste

Depois de chegar ao fim das sete cores, faça o parceiro A sentar-se sobre o material BRANCO estendido no chão, e relaxe-se durante uns poucos momentos.

Os efeitos desse teste são surpreendentes. Você pode dizer, medindo a resistência a cada uma, quais as cores que são fortes, fracas, normais ou inexistentes.

Tomar notas é importante e compreender as notas é ainda mais importante! A fim de ter uma referência clara para o teste, pegue uma folha de papel e faça os seguintes títulos de colunas.

Começando na parte mais extrema do lado esquerdo da folha de papel, sua primeira coluna deve ser "COR". Nesta coluna escreva a cor que você está testando. Depois escreva os títulos das outras colunas.

Coluna 1: Cor que está sendo testada
Coluna 2: Sem resistência
Coluna 3: Muito fraca
Coluna 4: Fraca
Coluna 5: Média
Coluna 6: Média/Forte
Coluna 7: Forte
Coluna 8: Resistência total

Antes de iniciar a prova, escolha a ordem das cores e escreva-as na Coluna 1. À medida que conduz cada teste, faça da sua decisão um resultado da aplicação da energia três vezes. Limite-se a fazer uma marca de "conferido" na coluna de sua escolha, antes de passar à cor seguinte.

Resultados do teste

Os resultados da experimentação da freqüência da cor varia de várias maneiras, dependendo de quão complicado você deseja ser. O resultado do teste mostra deficiência ou força em qualquer seqüência determinada de cor, mas os motivos podem ser muitos. À proporção que olhamos para os títulos dos resultados podemos ver a palavra "fraca" ao lado da cor vermelha. Isso indicaria que o parceiro A – *nesse momento* – não tem uma medida suficiente de INDIVIDUALIDADE.

Observe que eu disse *nesse momento*! Se uma pessoa, por exemplo, sofre de estafa no trabalho, em casa ou num relacionamento, é possível que tenha uma reação "fraca" ao vermelho. Quando nossa individualidade é ameaçada de algum modo, perdemos a medida da seqüência vibratória do vermelho. Por outro lado, se a reação ao teste fosse de RESISTÊNCIA TOTAL, isso pode resultar de muitas causas diferentes. A pessoa pode ter uma personalidade dominadora ou, nesse período determinado de sua vida, sofrer pressões que a forçam a afirmar sua individualidade.

O teste continua com a análise dos resultados e a aplicação de um remédio de cor. Se descobrirmos uma deficiência no vermelho, um remédio simples pode ser usar mais vermelho, meditar com velas vermelhas e ingerir alimentos da categoria vermelha.

Durante esse processo de auto-equilibração, seja sensível a quaisquer mudanças relativas à saúde, à atitude e à personalidade. É evidente que qualquer pergunta a respeito da saúde requer a resposta de um médico. Os testes acentuam e melhoram, mas não substituem o parecer médico.

Para tornar o seu teste mais interessante, tome nota da data. Procure aumentar sua exposição às cores que o teste indica serem deficientes. Se você topar com forte resistência a uma cor determinada, modifique o uso dessa cor ou a exposição a ela. Cerca de uma semana depois, realize novo teste e verifique se melhorou a freqüência da cor.

A cor das suas roupas de cama geram um efeito vibratório durante o seu sono. Você também é suscetível à cor do carro que dirige, especialmente à cor do interior do veículo.

Se descobrir que o carro não é totalmente compatível com as suas necessidades, não lhe sugiro que o venda! Apenas com a cor da suas roupas você modificará todas as cores circundantes. A percepção da cor em sua vida fortificará a energia à sua volta. Usando cores específicas, você aperfeiçoará sua capacidade de alcançar metas e o seu estilo de vida em geral.

A estabilização da estrutura da freqüência

A cor é uma parte vital do equilíbrio esotérico. Os vários matizes de luz e sombra podem ser renovados e estabilizados. A estrutura da freqüência é uma infinidade de cores vitais que governa o equilíbrio. Não há padrão universal – cada qual tem sua própria e única estrutura da freqüência.

A aura humana reflete a atividade esotérica combinada com a sensibilidade. A não ser que essas energias pessoais estejam alinhadas e equilibradas, somos adversamente afetados de algum modo. O Eu Superior lembra de contínuo aos outros níveis de consciência qualquer distúrbio ou intrusão causadora de algum estresse na estrutura da freqüência. Para uma pessoa insensível, essa mensagem do Eu Superior pode ser considerada frustração ou descontentamento.

A mente consciente arremessa dardos aqui e ali, experimentando a vida à medida que ela acontece. A Consciência Superior tem visão extensiva e vê claramente o caminho cármico à frente. O nível real de sensibilidade determina a natureza do contacto entre os dois níveis de consciência. (O subconsciente está ocupado registrando tudo o que acontece!)

Vemos aqui um elo vital entre o nível consciente e a Consciência Superior. Imagine duas pessoas de mãos dadas. Uma, com a cabeça virada, olha para a distância. A segunda olha fixa e diretamente para a outra. Há uma estreita vinculação no dar as mãos; no entanto, um homem olha para longe e o outro procura atrair-lhe a atenção. Temos aqui uma idéia simplificada dos dois níveis conscientes.

O exercício seguinte destina-se a ajudar a Consciência Superior a conseguir a atenção do nível consciente. O procedimento do exercício o conseguirá por certo, mas não conterá necessariamente a comunicação esotérica. A chave para manter um vínculo permanente está no nível consciente. É um esforço direto e sem rodeios para reconhecer a alegria e o contentamento que você pode sentir quando dirige deliberadamente pensamentos, necessidades e ações conscientes à Consciência Superior.

O apoio da negatividade

Muitas vezes, a negatividade é uma muleta – um apoio – que se agarra a situações, relacionamentos, etc., simplesmente porque não podemos enxergar uma alternativa. Por mais triste que isto seja, é assim mesmo. Um dos mais fortes sistemas negativos de apoio é dizer, "Não há nada que eu possa fazer a esse respeito". Muitos anos preciosos se malbaratam enquanto nos socorremos de um apoio negativo. Estranhamente, em algum lugar, em algum momento da vida, uma pessoa aparece ou ocorre uma situação que, movidos pelas novas circunstâncias, deixamos passar!

No deixar passar, novos e maravilhosos apoios se colocam à nossa disposição. Ficamos encantados, talvez pasmados, com as muitas opções que se nos oferecem. Infelizmente, sentimos a miúdo que precisamos esperar alguma coisa acontecer. Está visto que isso não é verdade. Cada um de nós detém o leme da própria vida.

O nível consciente anseia por tomar decisões rápidas. Ele precisa conhecer e sentir o conforto da rotina. O Eu Superior precisa de tempo para se comunicar e encher o nível consciente de idéias e planos novos. Nesse estado de "não saber" o nível consciente, sentindo-se inseguro, freqüentemente se apega ao primeiro sistema de apoio que encontra – não lhe importando se o sistema é bom, mau ou indiferente. Então, a sensação de vazio e a sensibilidade, que ocorrem durante o que deveria ser um tempo de comunicação entre os dois níveis, se fecham. O primeiro passo que se deve dar para modificar isto é antecipar-se ao vazio e admitir que, dentro do vazio, existe um alto nível de comunicação espiritual. A preparação para a mudança espiritual requer a liberação do medo – de todos os tipos de medo. Dê a si mesmo tempo suficiente para abrir sua Consciência Superior.

Para renovar e estabilizar, o estudioso esotérico precisa, primeiro que tudo, trabalhar com diligência o nível consciente. As surpresas são inúmeras! O grau de receptividade que você demonstrou à entrada da negatividade determinará a rapidez com que você pode estabelecer com sucesso sua renovação e estabilização. Inúmeras dúvidas e temores ainda estão amarrados ao subconsciente.

No próximo exercício, você reconhecerá os sistemas de apoio – assim positivos como negativos. Descobrir-lhes-á as bases e o modo com que originalmente se enraizaram. Olhará para além dos obstáculos cerceadores da vida de todos os dias e avistará o caminho cármico mais adiante. Sentirá a liberação da negatividade enquanto reconhece a necessidade interior de operar mudanças. Sua meta é experimentar a verdadeira alegria de estar no comando de sua vida.

Preparação para os exercícios 17 e 18

Os próximos exercícios renovam e estabilizam sua estrutura esotérica. A natureza dos dois exercícios é, ao mesmo tempo, benéfica e espiritualmente recompensadora – levando-o para o centro daquele que você realmente é. A partir desse lugar, você encontra uma força nova e emocionante. No descobrimento do "eu", aumenta a sua capacidade esotérica, concedendo-lhe um olhar objetivo para o seu caminho de vida, o poder de arrumá-lo de novo e a alegria de alcançar metas novas e significativas.

1. Vista roupas folgadas e só use jóias que sejam especiais para você.
2. Para o exercício 17, coloque sete velas BRANCAS sobre uma mesa, à sua frente.
3. Para o exercício 18, coloque sete velas BRANCAS sobre a mesa, e sete velas de cor – uma de cada cor do arco-íris* – imediatamente atrás das velas BRANCAS.
4. Ponha caneta e papel, que ficam à sua disposição, sobre a mesa.
5. Use um vaso de flores frescas sempre que for possível. Coloque-o no centro da parte posterior da mesa.
6. Chegue uma cadeira à mesa.
7. Coloque dois copos de água sobre a mesa, um à esquerda e outro à direita.

Exercício 17: análise espiritual

1. Estando de pé diante da mesa, diga:
   "Peço a clareza e a visão para ver o que preciso fazer. Peço sinceramente ajuda e força. Ao entrar na Luz Universal, peço uma bênção para todos os necessitados e para todos os que amo. Amém."
2. Acendendo a primeira vela branca (atrás da qual está a vela VERMELHA), diga: "Reconheço o poder de Deus. Acendo esta pura vela branca com honra e amor. Peço que minha individualidade se equilibre de acordo com minha jornada espiritual. Renuncio a meus medos de todas as coisas terrenas. Peço que minha alma seja renovada e purificada. Rogo que a chama purifique e fortaleça minha verdadeira individualidade. Libero todo o falso ego. Libero tudo o que me impediu de permanecer na tua Luz, eterna e santa. Amém."

* Vermelha, laranja, amarela, verde, azul, anil, púrpura.

3. Agora sente-se e escreva claramente *todos* os aspectos da sua individualidade que você *já não considera úteis*. Se encontrar alguma dificuldade, deponha a caneta e solicite ajuda ao olhar para a chama. Lembre-se de que a chama é a sua inspiração espiritual.
4. Quando tiver terminado, dobre o papel ao meio, duas vezes, e coloque-o diante da vela acesa, dizendo:
   "Tentei sinceramente livrar-me de toda a negatividade que esmagou minha verdadeira individualidade. Olho agora para a chama divina e conheço que minha alma está renovada. Amém."
5. Coloque-se, mais uma vez, de pé, diante da mesa e diga:
   "Peço clareza e visão para ver o que preciso fazer. Peço sinceramente ajuda e força. Ao entrar na Luz Universal, peço uma bênção para todos os necessitados e para todos os que amo. Amém."
6. Ao acender a segunda vela (atrás da qual está a vela LARANJA), diga:
   "Reconheço o poder de Deus. Acendo esta pura vela branca com honra e amor. Peço que todos os meus relacionamentos sejam postos na perspectiva apropriada. Peço um entendimento mais profundo de minhas obrigações espirituais e minhas obrigações para com os outros. Se eu, sem o saber, tenho sido egoísta, desatento, áspero, amargo, implacável ou mal-agradecido, peço agora, querido Pai, que todas essas coisas sejam tiradas de mim. Ajuda-me a ver todos os meus relacionamentos à tua divina Luz. Por favor, dá-me introvisão para eu poder ver quem sou em todos os meus relacionamentos. Peço força para corrigir e equilibrar todos os meus vínculos. Libera meus temores para eu poder fazer o que é certo e justo para todos. Amém."
7. Sente-se e ponha por escrito, claramente, *todos* os aspectos dos seus relacionamentos que você considera necessitados de ajuda, aperfeiçoamento, rompimento, restabelecimento, compreensão, etc. Se encontrar alguma dificuldade, deponha a caneta e peça ajuda olhando para a chama da segunda vela BRANCA. Este exercício leva tempo; não tente apressar as coisas. Dê cada passo com zelo espiritual.
8. Quando tiver acabado de escrever, dobre o papel ao meio, duas vezes, deponha-o diante da vela acesa e diga:
   "Tenho tentado realmente livrar-me de toda a negatividade que tem posto em risco meus relacionamentos. Olho agora para a chama divina e conheço que minha alma está renovada. Amém."
9. De pé, diante da mesa, diga:
   "Peço clareza e visão para ver o que preciso fazer. Peço sinceramente

ajuda e força. Ao entrar na Luz Universal, peço uma bênção para todos os necessitados e para todos os que amo. Amém."

10. Acendendo a terceira vela (atrás da qual está a AMARELA), diga: "Reconheço o poder de Deus. Acendo esta pura vela branca com honra e amor. Peço que minha energia criativa seja positiva e recompensadora em todos os níveis. Não consintas que eu me preocupe demasiado comigo mesmo. Ajuda-me a dirigir meus pensamentos para os que me cercam. Ajuda-me, querido Pai, a ser sempre atencioso para com os outros. Não me permitas magoá-los, sem querer, nem impedir quem quer que seja de ser ele mesmo. Deixa-me usar minha criatividade com uma grande dose de consideração. À proporção que construo minha vida e palmilho meu caminho de vida, não me deixes atrapalhar, ferir ou impedir alguém de fazer o mesmo. Dá-me coragem, querido Pai, para fazer todas as coisas que preciso fazer. Esteja comigo a tua sagrada presença em meus esforços, meu trabalho e minha alegria. Tu me deste muitos presentes. Deixa-me estar sempre consciente do teu amor e das tuas bênçãos. Amém."
11. Agora sente-se e relate por escrito todos os maravilhosos dons e bênçãos que já recebeu. Em seu escrito, reconheça o que lhe foi dado. Exponha o modo com que está usando seus talentos. Entre eles, inclua a criatividade e o talento que tem usado mal. Se encontrar alguma dificuldade, deponha a caneta e peça auxílio ao olhar para a chama. Faça um esforço para ver todas as bênçãos e talentos que recebeu. Ao olhar para a chama, tente ver como poderá cumprir o seu verdadeiro destino.
12. Quando tiver ponderado todas essas coisas, dobre a folha de papel ao meio, duas vezes, e ponha-a diante da vela acesa, dizendo: "Tentei, querido Pai, ver os muitos dons e talentos que me deste. A partir deste dia, tentarei usá-los e glorificar o teu santo nome. Amém."
13. Novamente de pé diante da mesa, diga: "Peço clareza e visão para ver o que preciso fazer. Peço sinceramente ajuda e força. Ao ingressar na Luz Universal, peço bênção para todos os necessitados e para todos os que amo. Amém."
14. Acendendo a quarta vela (atrás da qual está a VERDE), diga: "Reconheço o poder de Deus. Acendo esta pura vela branca com honra e amor. Peço que minhas bases sejam firmes e bem arraigadas na autodisciplina. Serei sempre grato ao poder que me deste. Ensina-me, Pai, a usá-lo bem e com solicitude para com todos. Peço a sabedoria para remover todas as situações indesejáveis que construí. Aproximo-me de

ti como criança e peço-te, Pai, que me ajudes a edificar tudo o que é bom e benéfico. Removerei todo o meu medo e farei novas bases do amor e da sabedoria que me deste. Amém."

15. Sente-se mais uma vez e escreva claramente *todas* as bases que pôs em sua vida. Examine o crescimento, mostre-se grato pelo amor e pelos prazeres da vida. Tenha a coragem de observar os erros passados. Se encontrar alguma dificuldade, deponha a caneta e peça ajuda enquanto olha para a chama. Olhe para novos horizontes de possibilidades e não fique remoendo malogros passados.
16. Depois que tiver acabado de escrever, dobre a folha de papel ao meio, por duas vezes, e ponha-a diante da vela acesa, dizendo:
"Olhei bem para as muitas bases que lancei. Vi as situações e circunstâncias que construí. Algumas são boas, querido Pai, outras não. Ajuda-me neste momento para começar de um modo novo e positivo. Olho agora para a chama divina e conheço que minha alma está renovada. Amém."
17. Agora fique de pé e diga:
"Peço claridade e visão para ver o que preciso fazer. Peço sinceramente ajuda e força. Ao ingressar na Luz Universal, peço uma bênção para todos os necessitados e para todos os que amo. Amém."
18. Ao acender a quinta vela (atrás da qual está a AZUL), diga:
"Reconheço o poder de Deus. Acendo esta pura vela branca com honra e amor. Peço a orientação divina para ajudar-me a descobrir e explorar minha necessidade íntima de liberdade. Peço poder para me libertar de toda negatividade, sabendo muito bem que, para além da minha negatividade, está minha liberdade espiritual. Peço esse dom para mim e para os outros. Querido Pai, seja o que for que me prende ao meu medo, peço que me liberes em tua divina sabedoria. Amém."
19. Sente-se outra vez e exponha com clareza, por escrito, suas restrições e o tipo de liberdade de que precisa em sua vida. Esteja preparado para ver a realidade. Reconheça as barreiras que se criaram a si mesmas. Olhe para além dos obstáculos e veja a maravilha e a beleza da liberdade que você anela. Se encontrar alguma dificuldade, deponha a caneta e peça ajuda olhando para a chama. Saiba que na chama estão a sabedoria e a chave da liberdade de expressão que você ambiciona.
20. Depois que tiver acabado de escrever, dobre o papel ao meio, duas vezes, e ponha-o defronte da vela acesa, dizendo:
"Querido Pai, tenho tentado romper todas as barreiras da negatividade e do medo. Sei que essas coisas me impediram de experimentar a verda-

deira liberdade espiritual. Agora olho para a chama divina e conheço que minha alma está renovada. Amém."

21. Agora fique de pé e diga:
"Peço clareza e visão para ver o que preciso fazer. Peço sinceramente ajuda e força. Ao ingressar na Luz Universal, peço uma bênção para todos os necessitados e para todos os que amo. Amém."
22. Acendendo a sexta vela (atrás da qual está a ANIL), diga:
"Reconheço o poder de Deus. Acendo esta pura vela branca com honra e amor. Peço paz, tranqüilidade, equilíbrio e harmonia em todos os níveis da consciência. Peço que se abra a minha visão interior para que eu possa ver o que preciso fazer nesta vida. Muitas vezes me sinto só, querido Pai, mas sei que tua presença está sempre comigo. Quando estou perdido e amedrontado, possa a luz divina de tua glória mostrar-me o caminho. Ouve minha voz quando grito na escuridão do meu próprio dilema. Abre meus olhos para eu poder ver a beleza e a maravilha da vida. Ajuda-me a conservar meu equilíbrio espiritual em todas as coisas. Como uma criança, peço para voltar para casa e nunca deixar a glória do teu amor. Amém."
23. Agora, sentado, ponha-se a anotar claramente suas necessidades mais profundas. Reconheça a razão por que sua vida se torna tão complexa. Veja como o seu equilíbrio espiritual foi afetado muitas e muitas vezes pelo mesmo tipo de situações. Veja onde e como você cometeu enganos e peça ajuda em situações futuras. Olhe para a sua vida e veja como a tranqüilidade de Deus pode encher sua vida mais uma vez. Convide o Espírito Santo para entrar. Se você encontrar alguma dificuldade, deponha a caneta e peça ajuda fitando a chama. Deixe bem claro o seu desejo de sentir-se espiritualmente equilibrado e pronto para levar a efeito sua busca cármica.
24. Depois que tiver terminado de escrever, dobre a folha de papel ao meio, duas vezes, e ponha-a diante da vela acesa, dizendo:
"Pai celestial, tentei entrar nas profundezas do meu próprio ser. Procurei a paz interior e a sabedoria. Ajuda-me a ser forte, corajoso e desejoso de trazer meu corpo, minha mente e minha alma para a tua Luz. Olho agora a chama divina e conheço que minha alma está renovada. Amém."
25. Ponha-se diante da mesa e diga:
"Peço claridade e visão para ver o que preciso fazer. Peço sinceramente ajuda e força. Ao ingressar na Luz Universal, peço uma bênção para todos os necessitados e para os que amo. Amém."

26. Ao acender a sétima vela (atrás da qual se encontra a vela VIOLETA), diga:
"Reconheço o poder de Deus. Acendo esta pura vela branca com honra e amor. Peço que eu seja abençoado e que me seja dado o poder de penetrar minha própria alma. Preciso descobrir meu propósito e olhar para a minha vida. Desejo examinar meus relacionamentos de modo que possa fazer justiça a todos. Ajuda-me querido Pai, a encontrar a sabedoria de minha alma – a conhecer meu caminho espiritual e a segui-lo com alegria. Abre os cantos escuros da minha mente e libera a tua luz celestial sobre todas essas coisas. Desejo ardentemente tua proximidade e teu conforto. Abro meu coração à tua glória e seguirei no encalço da minha necessidade da sabedoria encerrada em minha alma. Ajuda-me a apreciar as alegrias singelas e a procurar-te em tudo o que eu fizer a partir deste dia. Amém."
27. Sente-se de novo e exponha com toda clareza seus desejos mais profundos. Enumere o que falta na sua vida e por quê. Dê graças por todas as muitas bênçãos que recebeu. Estenda sua imaginação e escreva sobre as coisas que gostaria de fazer. Escreva sobre todas as coisas que não fez. Abra seu coração e solte todo o medo e toda dúvida. Ao fazê-lo, tenha consciência de que faz tudo isso na divina luz de Deus, o Pai.
28. Agora você está pronto para dobrar a folha do papel ao meio duas vezes. Coloque-a na frente da vela acesa e diga, ao mesmo tempo:
"Deixa-me tocar a Luz para poder ver as muitas coisas que preciso fazer. Deixa-me fazer essas coisas com sabedoria. Deixo para trás o medo, a raiva, a mágoa e todas as coisas que me têm desviado da santa luz de Deus. Agora estou pronto, ansioso e desejoso de completar a jornada de minha vida. Sinto que meu corpo, minha mente e meu espírito estão-se estabilizando em tua glória eterna. Estou renovado, sou capaz de usar todas as bênçãos que recebi. Protejo-me em todos os momentos com a glória, a sabedoria e o amor de Deus. Amém."
29. Novamente de pé, diga agora:
"Novamente tenho visão e claridade para ver o que preciso fazer. Tenho dentro de mim a ajuda e a força de que necessito. Permanecerei na Luz Universal e desde esta Luz peço uma bênção para todos os necessitados e para os que amo. Amém."
30. Ponha a mão esquerda delicadamente sobre as pontas das sete chamas, desde a vela número um até a vela número sete. Faça o mesmo com a direita indo da vela número um até a vela número sete, dizendo:

“ESTOU RENOVADO ESPIRITUALMENTE. ESTOU EM MEU PRÓPRIO CENTRO. A FORÇA ESTÁ-SE ERGUENDO DENTRO DE MIM. JÁ NÃO TENHO MEDO. OLHO PARA A FRENTE COM ALEGRIA E ANTECIPAÇÃO DE SATISFAZER A TODAS AS MINHAS NECESSIDADES NA LUZ DE DEUS. AMÉM.”

Mantenha acesas as sete velas BRANCAS durante sete minutos e, nesse período peça que todas as suas orações sejam deferidas. Peça coragem e força para sustentar suas novas metas espirituais. Observe as chamas de cada uma das sete velas e visualize sua oração manifestando-se, trazendo-lhe alegria, felicidade, sucesso e satisfação.

Continue a manter as sete velas acesas e beba do copo de água à sua mão esquerda. Recoloque-o sobre a mesa e beba do copo de água à sua mão direita, dizendo:

“Bebo esta água para limpar e purificar o meu propósito. Amém.”

Exercício 18: ajuste da freqüência

Neste exercício, você estará ajustando a estrutura da freqüência. Aprenderá a permitir que forças equilibrantes lhe estabilizem o equilíbrio espiritual.

Você se familiarizará com os instrumentos padrões vibratórios da cor e se tornará mais sensível a eles: reconhecendo demais ou de menos cada cor; estando atento aos matizes e mudanças sutis da cor; aprendendo a interpretar a complexa atividade vibratória que o cerca durante o tempo todo. Se você tem dificuldade em adormecer, ficará sabendo por quê. Comprazer-se-á em descobrir por que reage de certas maneiras – por uma demasiada ou insuficiente exposição a determinadas cores.

Existe um sem-número de maneiras de testar suas reações e as dos membros da família. Toalhas, lençóis, blusas e as cores do quarto de dormir, todos contribuem com seus padrões de energia. (Uma tabela básica de gnotologia proporciona um plano imediato de cores complementares, que funciona especialmente bem com nenês e criancinhas. Veja o *Connolly Book of Numbers*, vols. 1 e 2.) Neles encontrará muitos aspectos interessantes que pode experimentar. Faça experiência com cores mas, o que é mais importante, determine o que é bom para você e por quê.

Não se esqueça de completar o exercício anterior antes de começar este. Note: você pode fazer um pequeno intervalo neste ponto. Conserve as sete velas BRANCAS ardendo durante o intervalo.

No decorrer do processo do último exercício, você determinou a influência ou o nível de cada número e sua cor correspondente. Quando você trabalha com este exercício e lhe pedem que sinta o nível de energia de cada cor, você pode responder com base no resultado da sensibilidade recebida no exercício anterior. É a partir dessa fonte que você aborda cada uma das velas coloridas.

Se, no último exercício, você sentiu muito pouco determinada cor ou deu por falta de energia associada a ela, concentre-se agora na vela em apreço, e experimente o verdadeiro equilíbrio dos raios de cor. Se no exercício anterior você percebeu um excesso de energia numa cor, neste exercício você se concentrará também na vela em questão, a fim de provocar o equilíbrio.

Os matizes variáveis de qualquer cor denotam o acréscimo ou decréscimo de um nível vibratório determinado. O propósito deste exercício é ajustá-lo à verdadeira cor, corrigir qualquer desequilíbrio na estrutura vibratória. Com a vela VERMELHA por exemplo, você lida com sua individualidade. Toda tendência para ser excessivamente agressivo deixá-lo-á inclinado a sentir os tons mais escuros do vermelho. Da mesma forma, se se sentir inadequado, ou se sua auto-expressão for reprimida, sentir-se-á inclinado a experimentar um vermelho mais pálido.

Para este exercício você precisará de uma vela BRANCA adicional. Depois de deixar as velas arderem por sete minutos no exercício anterior, acenda a vela BRANCA adicional e coloque-a no extremo esquerdo do grupo de velas.

Agora, à sua frente, está o seu grupo original de sete velas BRANCAS acesas. À esquerda desse grupo, a vela BRANCA adicional, que você acenderá quando estiver pronto para iniciar o exercício. À vela adicional dá-se o nome de vela Daath.

1. Traga a vela adicional Daath do extremo esquerdo do grupo de velas e conserve-a diante de você, no centro do seu corpo, dizendo:
   "Reconheço o poder de Deus. Estou agora ajustando meu equilíbrio espiritual, a fim de aproveitar-me do fluxo vibratório correto."
2. Ao acender a vela, diga:
   "Ergo agora a minha consciência. Na minha chama trago o Poder Universal para tudo o que eu sou – para todas as coisas da minha vida.
   Agora coloque a vela à esquerda do grupo.
3. Ponha a vela VERMELHA no centro da mesa. Enquanto a estiver acendendo, com a vela BRANCA Daath, que está à sua esquerda, diga:

"A chama desta vela representa minha VERDADEIRA INDIVIDUALIDADE. É o dom que me foi dado para esta vida. Está em uníssono com as forças celestiais. Com o poder de Deus, mover-me-ei dentro de mim mesmo a fim de apagar minha negatividade, relutância ou má vontade em usar este dom corretamente."

4. Agora ponha a vela BRANCA Daath à esquerda da vela VERMELHA. Em seguida, pegue a primeira das sete velas BRANCAS e ponha-a à direita da vela VERMELHA.

   Note – o verdadeiro processo equilibrador vem da esquerda ou da direita de toda vela colorida centrada.

   A *esquerda* representa Daath – a oculta, a fonte de renovação; as forças vibratórias celestiais da pura energia de Deus.

   A *direita* representa o modo com que você manifesta essa energia através da estrutura de freqüência da cor. Cada vela representa a natureza da energia bem ou mal usada.

   O *centro* representa o tipo ou natureza da energia que agora está no processo de equilíbrio.

   Se sentir desequilíbrio em qualquer uma das velas coloridas, corrija-o da seguinte maneira: Em caso de INSUFICIÊNCIA, trabalhe da ESQUERDA para o centro. Em caso de EXCESSO, trabalhe da DIREITA para o centro.

5. Com os braços estendidos, para a vela esquerda e para a direita, tenha consciência do seu equilíbrio espiritual, no centro. Concentre sua atenção na vela VERMELHA e na sua VERDADEIRA INDIVIDUALIDADE.
6. Enquanto você se concentra na vela colorida do centro, tome consciência de toda energia VERMELHA, excessiva ou deficiente. Permita que o seu corpo físico seja governado pelo fluxo vibratório.
7. Deixe o nível consciente avaliar a conveniência de usar ou não a vibração VERMELHA da individualidade. Concentrando-se na chama da vela VERMELHA, avalie conscientemente como, de fato, você responde, veraz e naturalmente, à sua individualidade.
8. Depois de uma avaliação plena e honesta, feche os olhos e permita ao corpo físico abrir-se plenamente para o fluxo da individualidade. Conscientize a tendência física a inclinar-se para um lado ou para o outro.
9. Quando sentir o corpo oscilando para um lado, use a mão do outro lado para puxar física, lenta e deliberadamente a mão oscilante para a vela do centro. Feito isso, traga também, devagar, o braço oposto ao centro, estabelecendo assim o equilíbrio perfeito e necessário requerido pela vibração da cor particular com a qual você está trabalhando.

10. Trabalhando ainda com a sua sensibilidade, se precisar de *mais* energia, leve o braço esquerdo para a vela Daath esquerda e, lentamente, leve a energia para o centro. Se ainda sentir um excesso de ênfase à direita, leve o braço direito para a vela à direita e, lenta, deliberadamente, puxe-o de volta para a vela colorida central do equilíbrio.
    Continue dessa maneira até haver alcançado um perfeito equilíbrio espiritual da freqüência da cor.
11. Sentindo-se em perfeito alinhamento espiritual, estenda os braços e pegue, ao mesmo tempo, as velas esquerda e direita. Erguendo-as, diga: "Estou sintonizado com as forças universais. Estou em perfeito equilíbrio esotérico. Empregarei esta energia de forma boa e produtiva."
12. Recoloque as velas em seus lugares e, olhando diretamente para a chama da vela colorida, faça uma aspiração profunda (sinta a energia entrante penetrar cada célula). Com a energia liberada, sopre a vela, dizendo: "Obrigado, Pai. Agora tenho o controle. Amém."
13. Repita o exercício, desde o princípio, com as sete cores das velas. Utilize as áreas de concentração e, se possível, acrescente um pouco das suas:

VERMELHO	Concentre-se na INDIVIDUALIDADE VERDADEIRA.
	Concentre-se na FORÇA VERDADEIRA.
	Concentre-se nas NECESSIDADES VERDADEIRAS.
	Concentre-se nos DESEJOS VERDADEIROS.
LARANJA	Concentre-se na COOPERAÇÃO VERDADEIRA.
	Concentre-se nas RELAÇÕES VERDADEIRAS.
	Concentre-se na CONSIDERAÇÃO VERDADEIRA.
	Concentre-se no VERDADEIRO INTERESSE PELOS OUTROS.
AMARELO	Concentre-se na CRIATIVIDADE VERDADEIRA.
	Concentre-se no ENTUSIASMO VERDADEIRO.
	Concentre-se na EXPRESSÃO VERDADEIRA.
	Concentre-se nos TALENTOS VERDADEIROS.
VERDE	Concentre-se na DISCIPLINA VERDADEIRA.
	Concentre-se na ORGANIZAÇÃO VERDADEIRA.
	Concentre-se nas BASES VERDADEIRAS.
	Concentre-se no ESFORÇO VERDADEIRO.

AZUL	Concentre-se na LIBERDADE VERDADEIRA.
	Concentre-se nas NECESSIDADES VERDADEIRAS.
	Concentre-se nos RECURSOS VERDADEIROS.
	Concentre-se na VERSATILIDADE VERDADEIRA.
ANIL	Concentre-se no EQUILÍBRIO VERDADEIRO.
	Concentre-se na CONSCIÊNCIA VERDADEIRA.
	Concentre-se no PROPÓSITO VERDADEIRO.
PÚRPURA	Concentre-se na SABEDORIA VERDADEIRA.
	Concentre-se no INTELECTO VERDADEIRO.
	Concentre-se na FILOSOFIA VERDADEIRA.
	Concentre-se na INSPIRAÇÃO VERDADEIRA.

14. Quando tiver terminado o trabalho com *todas* as sete cores, apague cada vela dizendo:

    "Conservarei a chama do (diga o nome da cor da vela) dentro de mim mesmo e o usarei bem. Amém."

Capítulo 17

A exatidão da compreensão

O Norte de alguém é o Sul de outrem. Se viajarmos para o Leste chegaremos inevitavelmente ao "Oeste". Não há barreiras nem obstáculos para a compreensão. Pois, afinal de contas, todos aprenderemos uns com os outros e nos uniremos. É na união que vemos as influências alheias.

O homem adapta-se a um fluxo contínuo de conhecimentos. Decide de pronto se quer, ou não, recordar-se do que aprendeu. Na tentativa de atirá-la fora, a parcela de informação, de fato, é registrada no subconsciente. Depois que se cria alguma coisa no universo, ela passa a fazer parte do registro universal ou do registro cármico do homem.

Não existe força capaz de eliminar o que aconteceu. Está para sempre registrado no éter. Quando o homem deixa a terra, deixa também um legado. A energia que usou para descobrir o conhecimento, quer o saiba quer não, continua no éter. Conseqüentemente, em outro tempo, em outro lugar, outra mente capaz de sintonizar um idêntico nível de retenção do conceito original pode receber, e de fato a recebe, a mesma informação. A única coisa necessária em tal caso é a capacidade de outra mente de penetrar nessa inteligência particular. Se o intelecto da pessoa que recebe a informação é suficientemente competente para aprimorá-la ou expandi-la, temos a prova da penetração além da semente original do pensamento. Em torno de nós, em todos os tempos, está o conhecimento de todos os séculos. Se estivermos sintonizados com a freqüência desse pensamento, a informação pode aproveitar-nos.

O conhecimento nunca desaparece. Ele não é tão-só uma parcela de informação – está incorporado às células esotéricas de Luz que o mantêm na atmosfera. A mente inquisidora pode tocar a miúdo as células de Luz e receber um conhecimento até então ignorado por ela. A inteligência do beneficiário determina se a informação será usada e como será.

As crianças sintonizam com facilidade as células esotéricas de Luz. Em razão da sua inexperiência, a criança nem sempre expressa o que recebe. Se for expansiva, fará, aparentemente, perguntas surpreendentes e observações inusitadamente inteligentes. Infelizmente, os adultos dão escassa atenção a esse tipo de comentários.

Devíamos sempre prestar atenção às crianças! Pois o que se considera "para além" é freqüentemente atingível através de crianças e adultos sensíveis. Se considerarmos o "para além" como o Norte, a ponte de compreensão com o Sul estará sempre lá. Por exemplo, uma pessoa espiritualmente equilibrada experimenta uma exposição às células esotéricas de Luz e conserva a lembrança da informação recebida. O conhecimento será filtrado através da consciência e parecerá formado de idéias magníficas!

A sabedoria e o conhecimento existem em muitos planos. O aluno diligente aprende a abordar e penetrar os planos da compreensão universal. Antes de entrar nesta vida, a alma se expõe aos níveis universais e sabe exatamente como obter acesso a eles depois de entrar no corpo. Como num computador, a informação está ali. Todas as formas de meditação são conducentes ao acesso à força universal. A visão limitada do homem pode ser imediatamente dilatada depois que ele se eleva aos níveis superiores.

A exatidão da compreensão é reconhecer a possibilidade. A Cabala contém a estrutura esotérica que conhecemos como a "Árvore da Vida". Macrocosmicamente, a Árvore representa a estrutura do universo. Microcosmicamente, representa a estrutura interna do homem. Vemos aqui que o homem é uma miniatura do universo, o que explica o dito, "Como em cima, assim embaixo".

Para atingir essa condição perfeita, imagine viver apenas *um* dia em total equilíbrio e perfeição – respondendo num nível espiritual a tudo o que você ouve, vê, prova, cheira e toca. A cada minuto e a cada hora desse dia, você estaria plenamente cônscio da sua espiritualidade e do seu relacionamento com Deus. Você poderia relacionar-se com tudo o que fosse puro e imaculado. Antes que o dia se acabasse, todas as partes do seu corpo físico estariam inundadas de células de Luz espiritual. Isso afastaria toda e qualquer negatividade obstrutiva e sua visão espiritual, ampliada, dar-lhe-ia uma visão clara do seu verdadeiro caminho cármico.

A exatidão da compreensão ocorre quando o homem vê o que *é* – em vez de ver o que pensa ou deseja ser. A compreensão do seu propósito íntimo e o reconhecimento do seu elo com outras almas podem abrir-lhe a vida em todos os sentidos. O passado e o presente tornam-se um só a partir do momento em que olha para o futuro. Movendo-se além das dificuldades e obstáculos criados por ela mesma, a alma contacta e experimenta a exatidão da compreensão.

O eu verdadeiro e o ego

O Eu Verdadeiro é o Eu Divino, ou essência divina, do seu ser. É o Eu Superior, que contém tudo o que é puro, o elo indescritível que une o homem para sempre a Deus e ao plano universal. O homem é uma composição única de energias predestinadas e elementos materiais. O resultado dessa combinação universal é o "Eu Verdadeiro".

O ego é uma substância separada. O homem é feito uma aranha, que tece, habilidosa, a sua teia, a fim de proteger-se e trazer para si aquilo de que precisa para existir. É imperativo que o homem e o seu ego estabeleçam um entendimento, pois, do contrário, poderão opor-se um ao outro, criando uma força de resistência abrasiva para o desejo e para a intenção do homem, ou do ego.

Quando pensamos em como funciona o ego, como ele sustenta necessidades e desejos interiores, vemos por que relutamos em reduzir-lhe o poder. Quando, porém, o ego não é controlado, pode ter um efeito negativo. O perigo reside em "nos tornarmos" o ego e nos esquecermos do Eu. O perder de vista o Verdadeiro Eu tem sua própria seqüência de eventos! Perdemos de vista nosso caminho cármico e negamos a nós mesmos a satisfação anímica de prosseguir em nosso destino.

Admite-se que o ego seja o eu individual – consciente de sua existência separada de outros eus e de outras coisas externas a ele, capaz de pensamentos e sentimentos costumeiramente associados à auto-estima.

Ego é uma palavra latina que significa "Eu". Na filosofia mística ou esotérica, o ego protege e mascara o "Eu" real, que é o Verdadeiro Eu. O Verdadeiro Eu é o "EU SOU". O ego reflete o Verdadeiro Eu e torna-se o "EU SOU EU".

À proporção que se desenvolvem, as crianças aprendem depressa a construir o ego, que utilizam para comunicar-se com os pais, os professores e os iguais. Até numa idade precoce, ela já sabe ajustar o ego à situação. Aos pais, por exemplo, se permite que vejam melhor o "Verdadeiro Eu". Mas, à medida que aprende a brincar, a criança estende seu ego a outras áreas. Na escola, apresenta um aspecto inteiramente diferente da sua personalidade. Aprende a encobrir alguns dos seus verdadeiros sentimentos pessoais, e a conformar-se com a disciplina exigida em sua educação.

O fato de ser, ou não, complementar, a mudança de caráter não é o problema. A energia do ego tece um modelo de acordo com as circunstâncias e a vulnerabilidade do "Verdadeiro Eu". O "Verdadeiro Eu" nem sempre aprova os resultados!

Tendo um efeito indireto, porque se reflete de volta em si mesmo, o ego reconhece que essa existência é inteiramente separada da que ele é. O mesmo é mirar-se alguém num espelho tendo outro espelho atrás de si. Em termos esotéricos, o ego é a consciência que se reflete em si mesma e, ao fazê-lo, reconhece o próprio estado de separação ou existência ilusória.

O ego se atreve a estender-se e envolver-se nas atividades da mente consciente. Ao mesmo tempo que se protege, cria também uma expressão de personalidade que se forma como resultado da experiência consciente. Afortunadamente, pode alterar sua natureza de acordo com as circunstâncias. Adaptável e frágil, sente-se atingido ou devastado por um desafio emocional. Pode ser introvertido ou extrovertido, à maneira que se adapta quando visa a proteger o Verdadeiro Eu.

Você deve sempre ter consciência do ego. No seu esforço para apresentar a própria força, ele pode alicerçar-lhe os atos em bases falsas. Quando isso acontece, a mente consciente se perturba e sofre com o impacto emocional. Para compreender a motivação ou o propósito espiritual do Verdadeiro Eu, é mister estar atento ao ego. Se você souber exatamente o que o ego está tentando expressar, o Verdadeiro Eu poderá permitir-lhe que projete sua força em circunstâncias aceitáveis. Quando está fora de controle, o ego pode fazer mais mal do que bem.

O seu Eu Verdadeiro, intimamente associado ao seu propósito cármico original, está espiritualmente motivado para satisfazer às exigências da sua alma. Enquanto você perlustra o seu caminho de vida, o seu ego protege e expressa esse propósito de um modo exterior, mundano. Se vier a sofrer uma decepção, sentir-se-á machucado, mas acabará recobrando a condição anterior.

Usado correta e inteligentemente, o ego realça e amplia a visão da vida. Se você lhe conhecer e respeitar as limitações, ela alimentará sua personalidade e incentivará sua expressão pessoal. É o domínio do ego que lhe determina a efetividade.

O ego pode proporcionar, e proporciona, um talento inerente. Seu funcionamento pode ser recompensador se não se lhe conceder o controle total. Enquanto a motivação da expressão do ego vier do Verdadeiro Eu, a maneira do ego será complementar.

O domínio interior do Verdadeiro Eu monitoriza o ego. Pense no Verdadeiro Eu como o pai e no ego como o filho. É bonito ver uma criança expressar-se. A espontaneidade é deliciosa e, à medida que a criança se desenvolve, o pai se envaidece dos resultados. O Verdadeiro Eu e o ego trabalham de forma muito parecida. Um ego descontrolado pode sair desembestado e causar uma perturbação muito grande em todos os aspectos da vida. O Verdadeiro Eu precisa governar a expressão do ego. Aí, então, você experimentará uma personalidade bem equilibrada, capaz de fazer face às exigências da vida numa base espiritual e física.

Podemos ser freqüentemente desencaminhados pela força do ego. Se o deixarmos assumir as rédeas da situação, poderemos perder de vista o que realmente somos. A insegurança, o medo e a ignorância fomentam o crescimento de um ego falso. Quando o ego é moral e espiritualmente controlado pelo Eu Verdadeiro, temos um excelente exemplo de caráter. Nessas condições, o Verdadeiro Eu se compraz na expressão exterior do ego.

Saber é poder

O simples fato de acreditar em si mesmo não é um passaporte para o conhecimento. O crer que todas as coisas são possíveis abre a mente para todas as possibilidades. A menos que haja uma medida de abertura, a mente recusa-se a aceitar o que quer que se desvie da norma. O campo do Esoterismo é um grande campo de estudos, que abrange muitas áreas de potencial espiritual não definido.

Nossa existência se estreitará se nos recusarmos a aceitar a vastidão do universo ou a acreditar nela. Desde a primeira prova da existência do homem na Terra, verificamos que em todas as nações e culturas tem havido um anseio positivo de descobrir e explorar além dos nossos conceitos normais.

Imagine o que seria este mundo se fosse destituído de religião ou de fé no desconhecido. Viveríamos num mundo de restritos "São Tomés". Imagine mais que o homem fosse punido ou penalizado por investigar situações que já não se escorassem no desconhecido! Essa maneira de pensar incrivelmente estreita restringiria por tal modo o homem que ele teria medo dos próprios pensamentos. A história tem registrado, no decorrer dos séculos, a devastação e a destruição de seres humanos causadas pela pressão. Em tentativas bem-sucedidas de esmagar o espírito do homem, tudo o que representava civilização também foi destruído. Este rompimento da condição social parece estar ligado ao crescimento espiritual, mental e físico do homem. Privado do seu sistema de crença pessoal, o homem se verá reduzido a nada. O poder do universo permanece o mesmo e pode continuar a influir nele em todas as coisas. É esse poder que lhe faculta reconstruir sua inspiração, sua sede de conhecimentos, e estabelecer um sistema pessoal e satisfatório de crença. Enchendo a mente dos homens, esse mesmo poder elevou-os a níveis de realizações inexplicáveis.

Imagine, se quiser, uma fonte de conhecimento pulsando, de contínuo, através da Força Universal. Basta que você explore os modos e meios de penetrar essa energia vibratória para obter acesso a ela. O homem só é limitado pelo seu sistema de crenças. O mero reconhecimento da sua existência é a chave para lograr o acesso. Se você abrir a mente para todas as possibilidades, estará expandindo todos os níveis da consciência. Para que lhe aproveite esta magnífica energia, deixe a mente aberta. Tenha consciência do seu equilíbrio espiritual. Concentre-se por intermédio da meditação e da prece. Dirija a vista para além de suas limitações atuais e saiba que todas essas coisas lhe podem ser proveitosas. Isso não é uma simples promessa, é um fato. Quando você aceita verdadeiramente a existência de um poder além do seu, estará criando aquilo de que precisa no universo. Você entra na Luz do Universo, onde tudo é possível.

A busca pessoal

Como você iniciou a sua busca pessoal? Que foi o que causou seu interesse inicial pelo mundo da parapsicologia? Aconteceu alguma coisa inexplicável? Ou você conheceu alguém que parecia emocionado e envolvido com essas coisas misteriosas? Você talvez tenha lido um livro ou assistido a uma conferência – fosse o que fosse, é absolutamente importante. Isto é, importante para você – pois foi o início da sua busca pessoal.

Sua atração pela consciência ampliada da possibilidade seria uma indicação de que o Eu Superior reconheceu a oportunidade. Por mais vaga ou indiferente que tenha sido, a situação foi suficiente para impelir sua mente às regiões esotéricas. Não se esqueça de que todos temos potencial para descobrir nossa própria capacidade esotérica.

O "EU SOU" é uma parte dessa busca. Exigindo uma base sólida, o "EU SOU" estimula o "EU SOU EU" a procurar e a fornecer alimento espiritual. A razão é que tudo o que se desconhece existe nas regiões espirituais. Desde um simples processo de adivinhação, até a habilidade de um parapsicólogo competente – os rudimentos básicos são os mesmos.

Os reinos da espiritualidade consistem em muitos planos celestiais. No interior dessas esferas estão o conhecimento e a sabedoria de todos os tempos. Para penetrar nesses níveis é preciso que você esteja basicamente enraizado e seja capaz de manter seu equilíbrio aqui na terra. Aprender como se faz isso, é como aprender qualquer outra coisa. As exigências não são apenas similares, senão necessárias. Para aprender alguma coisa você precisa começar pelo começo. De modo que a alma investigadora há de estar preparada para isso.

Você poderá parecer mais ou menos bem-sucedido se experimentar e provar determinadas teorias. Mas para tornar-se realmente instruído, faz-se mister algo mais do que isso – um modo de vida, se quiser. Um modo de pensar e fazer coisas é uma parte essencial do desenvolvimento esotérico. E você atingirá inevitavelmente um nível em que seus valores espirituais serão postos à prova.

Trata-se, na verdade, de um processo simples de fazer um esforço deliberado para conservar o equilíbrio espiritual. Pondo de lado emoções e situações, quando você é chamado para o teste, o poder da espiritualidade governa e decide tudo. Ninguém é limitado. Os antecedentes educacionais não podem proporcionar o ingrediente esotérico da espiritualidade. Você só pode chegar lá antes de experimentar resistência ou oposição ao seu propósito. Se a alma desejar realmente evoluir, terá todas as oportunidades. Tendo esse pensamento em mente você pode ir à frente com confiança.

O conhecimento gera a confiança

"Aprendiz de tudo e oficial de nada."

Existem muitas almas mal-orientadas que acabam caindo no dilema do aprendiz. Se você considera o desenvolvimento esotérico e espiritual parte necessária da sua vida, disso se segue que a abordagem é vital. Para aprender qualquer coisa, você precisa caminhar passo a passo ou estudar lição por lição. As pessoas se debatem, desesperadas, por não terminar as coisas, por não completar os estudos, sempre ansiosas por acrescentar informações ao seu repertório. Pedacinhos e pedaços de informação transformam-se num imenso monte de sobras em que tropeça o aprendiz!

O fato de você se interessar seriamente por um aspecto determinado não provoca demora nos seus estudos. Na verdade, faz o oposto. Pois quando você pesquisa e estuda determinado assunto, tem para dizer a respeito dele alguma coisa que vale a pena. E não apenas isso, você também frui do tempo e da atividade associados à sua escolha do saber.

Uma coisa sempre leva a outra! Aplicando um interesse diligente ao assunto que você escolheu, verá que os assuntos separados se fundem de forma única uns com os outros.

Isso só pode acontecer quando você se entrincheira no tema escolhido inicial. O conhecimento que absorve dá-lhe a capacidade de compreender por que e como os vários aspectos da parapsicologia se amalgamam um no outro. Quando você reconhece as conexões, está a caminho do verdadeiro conhecimento. Em realidade, não tem importância o ponto em que começa!

Tome como exemplo a Tarologia, a arte da adivinhação pela leitura das cartas do Tarô. Essas cartas contêm símbolos esotéricos que permitem ao tarólogo decifrar as profundezas ocultas e aconselhar conformemente. O Tarô, finalmente, leva o estudante à Gnotologia, ou seja, a Ciência esotérica dos números, também associada à Astrologia. Todos esses aspectos divinatórios, cada qual separado por si mesmo, unem-se na Árvore da Vida. Cada qual é equilibrado desde a fonte idêntica, cada qual proporciona a sabedoria contida na antiga estrutura simbólica que conhecemos como Cabala.

A estrutura esotérica da Cabala é um corpo completo e original de conhecimentos. A partir da sua forma poderosa e da sua estrutura divina, o homem pode estudar a natureza esotérica dos planos universais e reconhecer-lhes o reflexo sobre si mesmo. À proporção que o estudante progride na escolha do sujeito, você constata que, à diferença do aprendiz, ele se torna proficiente e é capaz de usar seu conhecimento com confiança.

Bases pessoais

Antes de lançar os alicerces, é indispensável que você cave profundamente, e cave bem. Familiarize-se com o assunto que lhe despertou o interesse. Explore suas tendências naturais. Descubra o que lhe apraz e aplique suas energias numa direção pertinente. Tem-se dito que, na busca do conhecimento, seguimos um caminho solitário. No meu entender, isso só é verdade até certo ponto. Na sua busca do conhecimento você se delicia com a jornada espiritual. Pode ser que seja, de quando em quando, uma jornada solitária, mas você não "se sente só" necessariamente. Eis aí uma sensível diferença!

Na sua busca, você *precisa* de algum tempo só para si – tempo para meditar e desfrutar a jornada da alma, estendendo-se sempre para cima, para os poderes majestosos do universo. Não consinta que suas emoções façam parte da sua base, a não ser, é claro, que se componham da verdadeira alegria e de antecipação da consecução. É preciso lançar alicerces sólidos. O cavoucar é um pré-requisito e consiste em pôr de lado dúvidas e medos. Anime-se a ser consistente e persistente em seu esforços.

Feito isso, você não terá dificuldade em conhecer o tipo de bases de que precisa para perseguir suas metas espirituais.

Antes de lançar novos alicerces, analise seu atual caminho de vida. Em virtude de influências cármicas, lidamos habitualmente, a qualquer momento dado, com alguma situação cármica, boa, má ou indiferente. As obrigações jamais se distanciam muito. Não é possível, por certo, deixar de tomar conhecimento delas, pois o impulso da alma para retificar, aprimorar ou resolver nunca abandona a mente consciente.

Para isso é imprescindível que você se dê conta do que está realmente acontecendo em sua vida. Vi a mesma situação muito bem resolvida por um aluno meu, que dedicou um dia inteiro a contemplar o passado, o presente e o futuro. Tendo-se preparado para esse dia especial, envergou roupas folgadas e relaxou-se plenamente. Jejuou também, o que o ajudou muitíssimo a concentrar-se no seu propósito. Terminado o trabalho ao entardecer, comemorou o acontecido com uma bela refeição e sentiu-se perfeitamente feliz por haver chegado às suas conclusões. Tinha a impressão de saber exatamente para onde ir a partir daquele momento.

Compreendo que nem todo o mundo está disposto a jejuar e a dedicar a esse trabalho um dia inteiro. Mas é preciso que você se concentre pensando nos acontecimentos passados, presentes e futuros que têm probabilidades de acontecer, a menos que faça um esforço espiritual deliberado para mudar todas as circunstâncias indesejáveis.

Obstáculos cármicos

Nem sempre se vêem os obstáculos cármicos. Sentem-se e, aparentemente, se emboscam nas profundezas do nível emocional. Isso dá com freqüência a impressão de ser uma sensação de urgência, desespero ou depressão sem causa aparente. É importante que você construa seus alicerces a partir de um bom e positivo equilíbrio espiritual. Tentar edificar sobre a negatividade é o mesmo que erguer uma casa à beira do oceano. As ondas emocionais chegam com cada maré, e você fica constantemente estressado.

Existem muitas maneiras de definir obstáculos cármicos (veja *Karma Without Stress*). As situações de todos os dias representam um pano de fundo para o estresse cármico. O enfrentamento de relações, trabalho e outras obrigações são os ingredientes do carma. Se você aprender a aceitar as forças superiores e ficar em sintonia com elas, ganhará introvisão e clareza. A palavra *carma*, não raro, se associa mentalmente a drama!

Claro está que isso não é rigorosamente exato. Os altos e baixos da vida resultam, com freqüência, da falta de cuidado e do fato de não estar a pessoa no comando da situação. A incapacidade de tomar decisões, muitas vezes, é a conseqüência de escolhas inadequadas feitas no passado. Cada relacionamento é governado pelas emoções de todas as pessoas envolvidas. Cada resultado penoso apresenta opções. Uma delas é continuar como está, continuar a sofrer e a aceitar.

Temos um impulso surpreendente para aceitar tudo o que qualquer pessoa nos possa impor ou infligir. Alimentamos o nível emocional com desculpas como, "Não havia nada que eu pudesse fazer". Esse "complexo de mártir" é uma combinação de autocomiseração, ausência de controle pessoal e submissão.

Compreendo que minhas palavras possam dar a impressão de insensibilidade e frieza. Todavia, se você se descartar das velhas desculpas, ver-se-á confrontado por opções reais. Acostumamo-nos às vibrações dos outros que nos são impostas e, aceitando-as, demonstramos a nossa incapacidade de assumir o domínio de nós mesmos e damos às pessoas carta branca para manipular a nossa vida. Nossa aparente incapacidade de controlar o que queremos dá a impressão de que não nos opomos à interferência alheia.

Como assumir o controle do sucesso

Primeiro que tudo, você precisa determinar a medida de autodomínio que aplica presentemente. Por exemplo, você pode ter tudo sob controle, como o executivo de uma empresa. Ao mesmo tempo pode ser demasiadamente submisso nos relacionamentos pessoais. Isso talvez até explicasse sua capacidade executiva nos negócios! O fato de você perder o controle em certas situações pode ser a causa do seu desejo excessivo de compensação. Na situação inversa, podemos ver alguém incapaz de expressar talento ou agudeza comercial, por obra de condições insatisfatórias de trabalho. Isso criaria uma necessidade de equilíbrio, e veríamos essa pessoa tornar-se exageradamente agressiva nos relacionamentos pessoais.

Esses exemplos mostram como é facil ter por assentadas certas situações. O fato de você ter algum controle em determinadas áreas não quer dizer que todas as áreas de sua vida sejam governadas pela mesma medida de disciplina. A primeira área que deve ser examinada está no exercício seguinte.

Você pode ficar surpreso ao constatar o quanto uma coleção não reconhecida de pressões influi em questões importantes de sua vida. Por reconhecimento e eliminação, você logo sentirá um levantamento de energia negativa. Depois de ver exatamente como são as coisas, poderá lançar novos e sólidos alicerces, que proverão a todas as suas necessidades futuras. Este exercício pode ser considerado um "tipo de tributo" do esoterismo!

Isso posto, completado e fora do caminho, você pode esperar plenamente uma "retribuição" – uma "retribuição" muito especial, a título de compensação do seu estresse e do seu trabalho.

Exercício 19: a conquista do controle pessoal

1. Determine as situações que governam a sua vida neste momento.
2. Decida se alguma ou algumas delas são obrigações auto-impostas.
3. Separe-as em situações pessoais e situações comerciais.
4. Decida em qual delas você gostaria de aprimorar-se.
5. Qual delas necessita de equilíbrio?
6. Qual delas deve ser eliminada?
7. O que é que você precisa fazer para trazer todas essas situações ao seu nível de exigência?
8. Você só tem alguma energia. Para onde deve dirigi-la?
9. De que coisas você se descuidou por causa de obrigações desnecessárias?
10. De que maneira exatamente você pretende abordar e corrigir essas coisas?
11. Quando e como começará?
12. Quais são suas novas metas?
13. Daqui a seis meses, como estará sua vida?
14. Mantenha o registro, num caderno, das mudanças positivas. Quando começará a utilizá-lo?
15. De três em três meses, reavalie, corrija e aperfeiçoe o seu plano.

Depois de haver respondido a todas as perguntas, você se verá confrontado com a "escolha". Colocar-se nesta situação é espiritualmente divertido. Pense bem na "escolha". Desate-se de qualquer coisa negativa que o trouxe a este ponto. A vida é bela e tranqüila quando você a agarra com mão firme e sente a responsabilidade final de seus próprios pensamentos, palavras e atos.

Tenha sempre em mente que escolhas mudam as coisas. Você não pode esperar que as mesmas situações se repitam. Até depois de você ter estimulado a mudança, seu nível emocional conservará um reflexo do que era. Mas ele acabará se dissipando e sendo substituído por metas e alegria futuras. Na transição, existe um ponto em que as energias opostas se fundem, dando a impressão de frustração, confusão e falta de clareza. Compreenda o processo e saiba que, quando você sente essa energia, alguma coisa maravilhosa também ocorre. Seus planos começam a deitar raízes. Bem no fundo, debaixo da confusão aparente, verifica-se forte e poderoso crescimento de seus novos ideais, de suas novas metas e de sua felicidade.

O seu caminho cármico tornar-se-á desimpedido. As rochas da depressão serão afastadas. Você assistirá ao crescimento de novos e emocionantes planos. Terá tempo de aspirar o perfume das flores quando elas principiarem a florescer em todos os aspectos e níveis de sua vida. Desde esse posto de observação, experimentará sua própria força interior. Aprenderá a ajustar toda e qualquer situação que venha a ameaçar o seu novo nível de alegria.

O ato de reunir os pedaços de sua vida do jeito que você quer que ela fique não é a parte difícil. A dificuldade reside na *decisão* de levá-lo a cabo. A sua luta com temores só tende a agravar um dilema doloroso. Tome uma decisão firme e siga-a até o fim. Depois de você haver agido de acordo com essa decisão, sentirá uma energia maravilhosa e estimulante, o poder da força espiritual que inunda cada parte da sua alma. À proporção que a negatividade se vai, entra a força interior com grande poder, descobre o seu caminho e instala-se nos lugares em que você antes mantinha o medo e a infelicidade. De repente, você se sente vivo outra vez. Coisas insignificantes recomeçam a ter importância. Você desperta todas as manhãs preocupado unicamente com o progresso e com a alegria. Eis aí o segredo da vida!

Agarre-o com ambas as mãos. Recuse-se a deixar que a mente consciente instile apreensão nas metas futuras. Você é importante, tem um papel para desempenhar. É muito simples, essa é a *sua* vida. As escolhas são *suas*.

Capítulo 18

O modelo dos sonhos

Muitos livros já foram escritos sobre os sonhos. Alguns apresentam informações minuciosas com interpretações simbólicas. Os sonhos constituem um assunto fascinante e é manifesto que existe uma mensagem em cada sonho. Sabemos que toda a gente sonha. O segredo está preso à sua lembrança.

Para alguns não é difícil. Existem sonhadores prolíficos, dotados de surpreendente capacidade de recordar e narrar todas as partes de um sonho em suas minúcias. Existem também os que se recordam pouco ou que não se recordam dos sonhos. Muita pesquisa e muitos estudos têm sido feitos para ajudar as pessoas a reterem a lembrança dos sonhos. Nada é mais frustrante do que acordar, saber perfeitamente que esteve envolvido num sonho vívido e complexo, e não poder lembrar-se dele!

Uma caneta e uma folha de papel sobre o criado-mudo ajudam sobremaneira. Reserve um tempo para pôr por escrito cada minudência, assim que estiver em condições de fazê-lo. A mente consciente põe rapidamente em ordem as lembranças do sonho. Imagens simbólicas rememoram o que foi guardado. Por isso é que é importante escrever enquanto você ainda se lembra do que sonhou. Às vezes, embora possa ter-se esquecido do sonho, acontece alguma coisa que provoca uma recordação instantânea.

A natureza e o estudo dos sonhos são um assunto profundo e absorvente. Existem analistas habilitados que se especializam nesse campo. A reiteração constante do mesmo sonho, as seqüências de sonhos que se repetem, os sonhos pré-cognitivos – são temas que devem ser discutidos com um consultor profissional apto para ajudá-lo a interpretar toda e qualquer informação importante que você tenha recebido.

O assunto dos sonhos escancara uma perspectiva de estudos. Freud entendia serem os sonhos uma expressão de desejos ocultos que se amalgamavam com lembranças velhas e novas a respeito de situações de vida. Carl Jung sugeriu que, em alguns sonhos, ficamos expostos aos arquétipos místicos, que não provêm do nível consciente pessoal. Nesta rara situação de sonho, o sonhador extrai os arquétipos místicos do inconsciente coletivo.

Os sonhos vêm iludindo, fascinando e tantalizando os seres humanos através dos séculos. Existem sonhos proféticos. Sonhos lúcidos e sonhos elevados. Atividades astrais inclusas em sonhos. Quando o corpo físico dorme, a mente consciente se relaxa e os níveis misteriosos do nosso ser entram a mover-se rapidamente na noite para obedecer às maravilhas do universo, resolvê-las, liberá-las e explorá-las.

Interpretação gnotológica dos sonhos

Neste estudo, vamos nos concentrar especificamente na interpretação dos sonhos que se utiliza de um método gnotológico de adivinhação. O citado método mergulha profundamente no subconsciente e dele extrai informações, geralmente em forma simbólica. A informação pode ser uma parte qualquer de uma experiência passada real. Pode ser um negócio inacabado ou uma criatividade reprimida. Podem ser trechos de uma lembrança emocional que o tempo não dissolveu. Pode ser uma coleção de medos ou esperanças, obrigada a abrir mão do seu domínio mercê de obrigações que você não conseguiu controlar. No fundo do subconsciente, muitas formas representam a parte irrealizada de você, a parte de você que ainda é uma criança. E o mais importante, uma parte com acesso à Consciência Superior.

A Consciência Superior é Luz pura. Quando os dois níveis se fundem, o subconsciente, cheio de Luz, busca a Consciência Superior à procura de inspiração renovada e cumprimento cármico. A Consciência Superior absorve essas mensagens e dá Luz às formas simbólicas absorvidas pelo subconsciente. Não altera as formas – apenas lhes acrescenta Luz. Se o simbolismo fosse alterado, o nível consciente teria dificuldade em compreender.

A Consciência Superior dá células de Luz a esses símbolos. Através das células de Luz o subconsciente reconhece o que está escondido da mente consciente. O Eu Superior injeta energia nas lembranças registradas, evocando imagens visuais. Essas imagens são instrumentos para pôr novamente em vigor e trazer à vida sementes de possibilidade que a mente consciente pode usar para recomeçar.

Quando a Consciência Superior se funde com o subconsciente, deixa um resíduo de lembrança cármica. Essa força reanimadora e energizante exerce influência sobre a mente consciente, de modo que a experiência cármica passa a motivá-la. A fusão dos níveis conscientes também produz sonhos. A mensagem de um sonho, às vezes, é mais do que óbvia. Em outras ocasiões, porém, a simbologia é quase impossível de interpretar. Imagens assustadoras são trazidas, não raro, para a mente consciente de modo que você reconhece as situações exatamente como elas são, e não como temia que fossem. Os símbolos empurram a mente consciente para a frente, mostrando várias capacidades cármicas, a fim de inspirar e criar Luz no caminho cármico.

Olhe, pois, para os seus sonhos. Esotericamente, você pode fazer que se realizem. Depois de uma imagem negativa ter sido extraída do subconsciente e reconhecida pelo nível consciente, *ela já se terá ido.*

Os sonhos e o carma

As situações e o estresse cotidiano estão registrados no subconsciente. O estresse tem um jeito de paralisar necessidades cármicas não expressas. Imagens e símbolos de sonho animam atores e atrizes a representar uma peça – uma história, se você quiser que descreva, com grandes indicações cármicas, o que está acontecendo emocional, física, mental e espiritualmente neste exato momento da sua vida.

Por que são os sonhos, de ordinário, tão pouco realistas? A resposta relaciona-se com o nível emocional. Se os sonhos fossem totalmente realistas, a vida que conhecemos não existiria. Todas as noites dormiríamos e viveríamos num reflexo realista do que existe. Isso, naturalmente, aumentaria, em vez de evitar, o estresse emocional. Imagine só você ter tido um mau dia, ao cabo do qual precisasse de algum sono, e pronto! O dia medonho se apresentaria outra vez em toda a sua horribilidade.

O mesmo sucede com os sonhos proféticos. A vida seria demasiado fácil se fôssemos constantemente monitorizados durante a noite e informados das atividades do dia seguinte. Isso significaria que o livre-arbítrio, o esforço pessoal e a responsabilidade cármica não existiriam. De sorte que, bem feitas as contas, o modo com que sonhamos é como deveria ser.

A barreira com que topamos na compreensão dos sonhos está no modo de interpretar as imagens e símbolos místicos, às vezes vagos. Usando a Chave Interna podemos lograr a introvisão de nossa situação de vida atual e reconhecer as sugestões cármicas que o sonho projeta.

A fórmula triádica invertida

A origem desse método numérico é antiga e é utilizada na formulação de procedimentos pormenorizados de adivinhação. Usamos a Fórmula Triádica Invertida na análise da fonte de toda seqüência de sonho. A seguinte tabela de conversão de letras em números é onde iniciamos o processo para encontrar a Chave Interna dos SÍMBOLOS DO SONHO, codificada nas letras "IK".*

Tabela de conversão

1	2	3	4	5	6	7	8	9
A	B	C	D	E	F	G	H	I
J	K	L	M	N	O	P	Q	R
S	T	U	V	W	X	Y	Z	

Usa-se a fórmula triádica invertida com uma palavra que descreva o símbolo do sonho. Nessa palavra existem inúmeras respostas para decifrar a seqüência do sonho. Utilizando o método da Chave Interna de análise do sonho, sondamos realmente as necessidades cármicas reprimidas.

Fazendo uso da fórmula triádica invertida, avaliamos a palavra *dream* (sonho) da seguinte maneira:

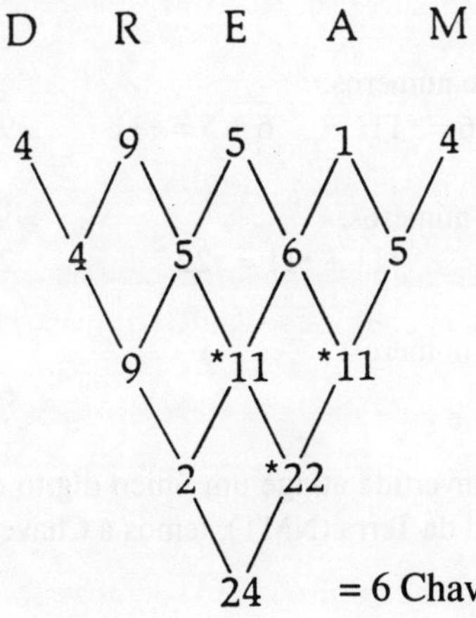

= 6 Chave Interna

*A Fórmula Triádica Invertida é a mesma fórmula usada para encontrar o Número da Raiz Pessoal, como vem descrito no *The Connolly Book of Numbers*, vol. 2.

"Reduzimos" cada par de números somando-os e, em seguida, acrescentando os dígitos até chegar a um único dígito. Existem, todavia, três Vibrações Magistrais da Terra, que não se devem reduzir quando localizamos a Chave Interna. São o *11, o *22 e o *33. Por exemplo, nos números (extraídos da Tabela de Conversão) correspondentes à palavra *dream*, temos um total da Chave Interna de 24, proveniente da adição de 2 + *22 = 24 = 6 Chave Interna. Observe que não reduzimos o *22 para 4. Todos os números totais são reduzidos *exceto* os Números Magistrais da Terra *11, *22, *33. Cada Número Magistral tem sua própria interpretação significativa.

Como computar a chave interna

1. Usando a Tabela de Conversão, escrevemos o nome simbólico e colocamos debaixo de cada letra o número correspondente.

2. Para a palavra *dream* (sonho), a primeira linha de números é:
   D = 4 R = 9 E = 5 A = 1
   M = 4 — 4 9 5 1 4

3. A segunda linha de números:
   4 + 9 = 13 = 4 — 9 + 5 = 14 = 5 — 5 + 1 = 6
   1 + 4 = 5 — 4 5 6 5

4. A terceira linha de números:
   4 + 5 = 9 — 5 + 6 = *11 — 6 + 5 = *11 — 9 *11 *11

5. A quarta linha de números:
   9 + *11 = 20 = 2 — *11 + *11 = *22 — 2 *22

6. A quinta linha de números:
   2 + *22 = 24 = 6 — 6 Chave Interna

7. Quando a tríade invertida atinge um único dígito ou é reduzida a um Número Magistral da Terra (NMT), temos a Chave Interna.

O uso da chave interna

A Chave Interna é o número derivado (por intermédio da Fórmula Triádica Invertida) do símbolo relembrado pela sua mente consciente a propósito do sonho.

Por exemplo, Mary se lembra de ter sonhado que comeu cerejas. Muitas e muitas vezes, procura recordar-se ainda mais do sonho com as cerejas. Finalmente, fala a respeito dele com a amiga e lembra-se de que, em outra parte do sonho estava cosendo um vestido novo.

Mary poderia analisar seu sonho concentrando-se nas duas questões: comer cerejas e coser o vestido novo.

Para fazê-lo, empregamos somente as palavras *cherries* (cerejas) e *sewing* (costura). A Chave deve provir de *uma* palavra apenas, o símbolo principal do sonho.

Da Chave Interna recebemos introvisão cármica. O uso da Chave Interna conduz-nos à base do sonho, a PALAVRA-CHAVE.

De um ponto de vista cabalístico, o emprego da Chave Interna leva-nos diretamente à fonte cármica. Que parte do nosso ser esotérico precisa ser expressa, e por quê? Se nos ajustarmos à mensagem da Chave Interna, aperfeiçoaremos imediatamente a vida e as circunstâncias no nível consciente, eliminando a necessidade de um estresse adicional. A Chave Interna fornece o fruto na Árvore da Vida.

Aqui estão as Palavras-Chave, as "mensagens" do sonho para cada Chave Interna.

Índice das chaves internas

CHAVE INTERNA	PALAVRA-CHAVE
1	INDIVIDUALIDADE
2	COOPERAÇÃO
3	CRIATIVIDADE
4	DISCIPLINA
5	LIBERDADE
6	EQUILÍBRIO
7	SABEDORIA
8	PODER
9	LIBERAÇÃO
*11	VISÃO
*22	CONTROLE
*33	SUCESSO

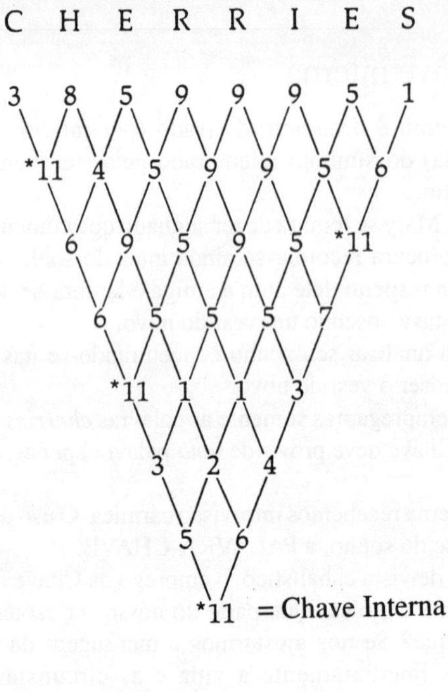

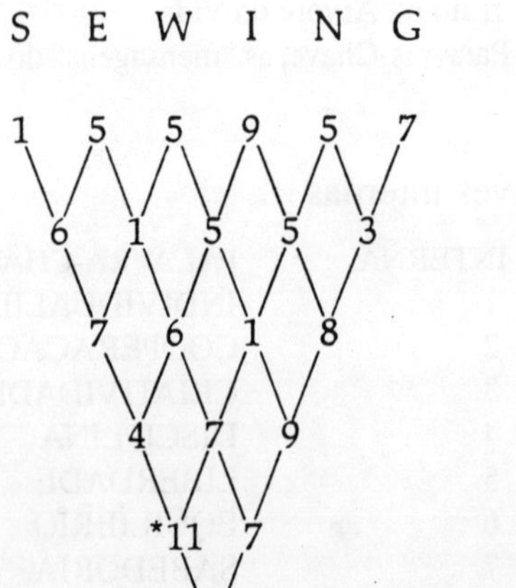

Símbolos do sonho:	*Cherries* (cerejas)	*Sewing* (costura)
Chaves Internas:	= *11	= 9

A última tríade

Os três últimos números da Fórmula Triádica Invertida são parte importante da interpretação da Palavra-Chave. Após descobrir a Chave Interna verdadeira, o último dos três números – conhecidos como a Última Tríade, usamos os dois penúltimos números (denominados "Direção da Raiz") a fim de analisar a raiz da Chave Interna.

Assim sendo, da Última Tríade utilizamos os dois primeiros números para a Direção da Raiz. O que nos fornece mais informações acerca da Chave Interna.

Quanto à palavra *cherries* (cerejas):

Última Tríade = 5 6 *11
Direção da Raiz = 5 6
Chave Interna = *11 (o último número da Última Tríade)

Usam-se o 5 e o 6 para analisar a Chave Interna do *11. O 5 e o 6 são a Direção da Raiz.

Através do *11, que é a Chave Interna, Mary recebe instruções para contemplar uma nova visão futura. Com efeito, a sonhadora está sendo claramente informada de que pode esperar receber clareza a propósito de acontecimentos vindouros. A Direção da Raiz, o 5 seguido do 6, mostra os passos iniciais que devem ser dados.

Mary precisa ser engenhosa, mais flexível e fazer uso de versatilidade no lidar com as condições atuais. Cumpre-lhe aprender a equilibrar as obrigações atuais, os relacionamentos e todas as outras atividades. Depois disso, pode esperar receber, com extrema clareza, a visão futura para expandir seu atual estilo de vida.

Quanto à palavra *sewing* (costura):

Última Tríade = *11 7 9
Direção da Raiz = *11 7
Chave Interna = 9

A Costura também fazia parte do sonho de Mary. O Magistral *11 é enfatizado. A primeira parte do sonho que Mary recordou foram as Cerejas, e a Chave Interna também era *11.

As duas Chaves Internas são duas fases pelas quais Mary precisa passar. Começamos com a segunda Chave Interna, de *11, que Mary pode levar a cabo com êxito mediante a análise e a aplicação do 5 e do 6. Depois chegamos a um segundo nível de Direção da Raiz, *11 e 7, para completar a Chave Interna de 9.

Concentrando-se no Magistral *11, Mary precisa, na segunda fase, concentrar-se na Sabedoria Interior. Cumpre-lhe pensar profundamente e aprender a fiar-se da sua intuição. Ela não deve perder de vista suas visões e planos futuros. Se permitir que um fluxo de capacidades cármicas naturais venha à tona, sua força cármica se manifestará. Talentos passados tornar-se-ão parte da sua nova visão. Embora aparentemente novos, ela, na verdade, estará usando talentos aperfeiçoados numa vida anterior.

Tanto que puser fé em si mesma, Mary ganhará o poder de que precisa para safar-se de situações não desejadas. De modo que ela necessita nesta ocasião, da fé na própria capacidade para atuar sobre ela. Como pode ver, as Chaves Internas abrem as portas místicas da Consciência. Através do que poderia ter sido uma mensagem imperceptível procedente das profundezas da consciência de Mary, vemos uma mensagem cármica vital nos símbolos simples das Cerejas e da Costura.

Pessoas há que se lembram de sonhos sonhados há muito tempo, situações amiúde vívidas e simples. Se você tiver lembrança de algum sonho, ainda poderá descobrir a mensagem da Chave Interna. É interessante tomar nota da data dos sonhos, para futura referência.

Tríade tríplice

Quando se repetem números, enfatiza-se a força daquela energia numérica determinada. Se você, por exemplo, encontrar uma Tríade Tríplice, a seqüência do sonho lhe terá revelado uma energia cármica poderosa, que estimula todos os níveis da consciência.

A Tríade Tríplice ocorre quando o número da Chave Interna resultante se repete, alhures na delineação, mais três vezes, significando que o número se localiza num mínimo de três vezes na delineação, *além* de ser o número final da Chave Interna.

No exemplo das Cerejas há uma Tríade Tríplice de *11. No exemplo da Costura não há Tríade Tríplice.

Se prosseguirmos na análise do sonho de Mary, veremos que, através dos dois símbolos de sonho, a necessidade de entender o Magistral *11 precisa ocorrer antes que ela experimente a Chave Interna do 9.

O poder das Chaves Internas pode ser usado diariamente. Os sonhos dão realce a uma necessidade, e a Chave Interna lhe dá uma introvisão imediata da parte de sua vida que experimenta o estresse.

Uso diário das chaves internas

A referência às Chaves Internas numa base regular pode ajudá-lo a expressar suas necessidades ocultas sem trauma nem medo. A compreensão de como você deve ajustar sua vida cada dia lhe proporcionará visão e perspectiva claras.

O uso das Chaves Internas ajudá-lo-á a reconhecer suas forças e fraquezas. No dia-a-dia, todo o processo se simplifica. A dificuldade e o estresse chegam quando cedemos aos outros o controle e a direção. Se você empregar uma automonitorização consistente, eliminará o estresse de todos os dias. Você também pode estar sofrendo pressões ocultas! As pressões existentes há muito tempo nem sempre são fáceis de encontrar, pois podem tornar-se facilmente parte da sua personalidade. E, por causa da longevidade delas, é possível que você não se dê conta de que elas existem.

O segredo é o seguinte – se você não se sente bem, é porque alguma coisa está errada. Valha-se das suas Chaves Internas para descobrir a causa.

Lembre-se! Em cada nível de expressão existe um aspecto positivo e um aspecto negativo. O Ponto de Equilíbrio deve ser a meta constante.

A compreensão dos sonhos

Todas as pessoas podem interpretar os próprios sonhos usando as Chaves Internas esotéricas. O que quer que você recorde é suficiente para receber a mensagem do seu Eu Superior, o que faz do sonho uma aventura e uma fonte de conhecimento para todos. Basta uma palavra para você receber informações que pode usar imediatamente. Já não precisa lutar para recuperar a seqüência do sonho. Só por interesse pessoal isso deve ser feito. De um ponto de vista esotérico, tudo o que você necessita é exatamente o de que se lembra!

É importante identificar com exatidão "aquilo de que você se lembra". Ao despertar, ponha por escrito, na ordem de chamada da memória, as primeiras palavras que lhe acudirem à mente.

Por exemplo, se você, à medida que recorda um sonho, pensar num plano, não escreva a palavra *aeroplano*, escreva simplesmente *plano*. Se a sua primeira impressão de um símbolo de sonho for de ouro, não escreva *dourado* escreva *ouro*. A primeira palavra descritiva que chega à consciência é exatamente a palavra que você precisa para descobrir a Chave Interna. Se se lembrar de um menino, escreva a palavra *menino*.

Se, mais tarde, se lembrar de que era um menino que você conhece, chamado Alan, escreva *Alan* na ordem em que o nome lhe ocorreu.

A seqüência das Chaves Internas é vital para uma interpretação correta. Reflexões tardias não são prioritárias na lista de símbolos. Constituem adições importantes à mensagem das Chaves Internas.

Exemplo de análise de sonho

Aqui está um exemplo de análise de sonho, um sonho que meu filho Peter teve:

1. Ele viu sua irmã Louise:	LOUISE
2. Ele viu um avião:	PLANE
3. O avião acidentou-se, mas ninguém se feriu:	WRECK
4. Ele estava com seu irmão Jon:	JON
5. Eles queriam ver o Vietnã:	VIETNAM
6. Ele estava com seu amigo Todd:	TODD
7. Eles queriam ver o Vietnã:	VIETNAM

Os sete Símbolos do Sonho estão na ordem em que Peter recordou os fragmentos. Ele tinha consciência de que haviam acontecido outras coisas, mas não conseguia lembrar-se do quê. Tomando esses sete símbolos na seqüência de sua rememoração, encontramos a Chave Interna de cada símbolo:

L O U I S E

3 6 3 9 1 5

9 9 3 1 6

9 3 4 7

3 7 *11

1 9

1 = Chave Interna

P L A N E

7 3 1 5 5

1 4 6 1

5 1 7

6 8

5 = Chave Interna

W R E C K

5 9 5 3 2

5 5 8 5

1 4 4

5 8

4 = Chave Interna

J O N

1 6 5

7 *11

9 = Chave Interna

V I E T N A M

4 9 5 2 5 1 4

4 5 7 7 6 5

9 3 5 4 *11

3 8 9 6

*11 8 6

1 5

6 = Chave Interna

T O D D

2 6 4 4

8 1 8

9 9

9 = Chave Interna

Em seguida, usando o Índice da Chave Interna (acima), podemos fazer esta tabela:

SÍMBOLO DO SONHO	CHAVE INTERNA	PALAVRA-CHAVE
1. Louise	1	Individualidade
2. Plane	5	Liberdade
3. Wreck	4	Disciplina
4. Jon	9	Liberação
5. Vietnam	6	Equilíbrio
6. Todd	9	Liberação
7. Vietnam	6	Equilíbrio

O Eu Superior de Peter refere-se, em primeiro lugar, à sua individualidade. Nesse momento de sua vida, ele está totalmente livre para expressar quem é. A partir da sua Liberdade, pode estabelecer uma nova Disciplina. O sonho dá a entender que existe um par de coisas de que ele precisa liberar para adquirir o equilíbrio interno de que necessita.

Nota adicional: a tabela gnotológica de Peter mostra que o seu sonho é compatível com sua estrutura natal. Esses aspectos importantes do sonho também são aspectos correntes de sua tabela gnotológica.

Lembrar-se de um simples aspecto de um sonho é muito importante. O Eu Superior está tentando dar-lhe uma informação.

Todos os Símbolos do Sonho seguintes têm a Tríade Tríplice:

LOUISE	1	Individualidade
PLANE	5	Liberdade
VIETNAM	6	Equilíbrio
VIETNAM	6	Equilíbrio

As Tríades Tríplices indicam vigorosas forças cósmicas em atividade. Embora LOUISE tenha aparecido apenas brevemente no sonho, o símbolo, muito poderoso, indica que Peter se acha agora num nível cármico em que deverá expressar sua verdadeira Individualidade.

Reconhece-se uma nova casta de Liberdade quando enfatizada com uma Tríade Tríplice. Essa Liberdade acontecerá à proporção que Peter liberar sua nova Individualidade. Verificamos que Vietnã se repete duas vezes, o que dá uma Dupla Tríade Tríplice. Se todas essas mudanças cármicas estão ocorrendo, é que lhe será dada toda a energia necessária para reajustar-lhe o Equilíbrio. A partir desse novo Equilíbrio, ele projetará seus talentos cármicos inerentes.

Como trabalhar com as chaves internas

A vida está-se movendo constantemente. Às vezes, é rápida e furiosa, outras, calma e satisfatória. Às vezes, parece ser uma paralisação. Com tantos obstáculos avultando à nossa frente, há momentos em que nos sentimos muito atrasados em nosso curso de vida. Por causa desses altos e baixos, o Código da Chave Interna se dispõe em aspectos separados. Sempre que você estiver em seu caminho cármico poderá ganhar uma ajuda adicional seguindo a parte do código mais proporcionada à sua situação do momento.

Estes cinco aspectos da vida estão presentes em cada número de Chave Interna:

Eu
Relacionamentos
Talentos
Pessoal
Negócios

Se você não tiver certeza sobre onde reside sua dificuldade, poderá descobrir-lhe a origem consultando *todos* os aspectos de cada número de Chave Interna. Poderá também estudar as Direções da Raiz e as Tríades Tríplices, pela leitura dos aspectos e pela consideração dos descobrimentos com um grau menor de ênfase.

Exercício 20: chave interna 1 – individualidade

INDIVIDUALIDADE: A condição de ter uma existência distinta e separada. É a soma total das suas características e traços pessoais que fazem de você o que você é.

Eu

A supressão de sua Individualidade pode provocar uma deficiência em muitas áreas de sua vida. Sua Individualidade não é um monstro para ficar escondido nas profundezas de você mesmo! É uma energia vital e necessária, para ser usada ao longo do caminho cármico. Sem a plena e fácil expressão de sua própria personalidade individual, você estará franqueado e submisso à Individualidade dos outros.

Nunca se esqueça de que os que não têm problemas com a auto-expressão *aprenderam* a ser assim. Cometeram equívocos e erros antes de alcançar a capacidade de *ser* o que são. As imagens de sonho nesse grupo realçam a necessidade que você tem de "florescer", para expressar essa energia interna única, que diz: "Este sou eu."

Se você normalmente não faz valer sua Individualidade poderá ser-lhe difícil reconhecê-la com exatidão! É aquela parte de você que sente necessidade de vocalizar e expressar exatamente como se sente. É aquela parte de você que ambiciona a liberdade de ser quem você é. Você nunca saberá se tem potencial para ser bem-sucedido a menos que tenha a coragem de tentar de qualquer modo. Evite ser intimidado pelos outros. Reconheça que existe uma parte sua igual a qualquer outra. É essa força interior que jaz adormecida, como um leão, bem no fundo, com um anseio contínuo de liberdade pessoal.

À PROCURA DE UMA RESPOSTA:

1. Liberte-se inteiramente de situações não desejadas.
2. Se isso lhe parece difícil, pense com vagar no por quê.
3. Reconheça que você é uma pessoa valiosa.
4. Olhe para quem você é. Examine suas necessidades e suas forças.
5. Deixe que aflorem todos os aspectos da sua personalidade.
6. Olhe diretamente para a causa de ter problemas em "ser você".
7. Deixe que se vá o medo, e não se sinta ameaçado nem intimidado.
8. Esteja preparado para fazer ajustamentos, mas não olhe para trás.
9. Esteja atento às suas próprias necessidades. Faça novas regras.
10. Liberdade da alma é liberdade da Individualidade.

Relacionamentos

O excesso de Individualidade domina e esmaga as pessoas. A carência de Individualidade as torna submissas. Individualidade de mais ou de menos não completa nenhum relacionamento.

Talentos

A aplicação da sua Individualidade aos seus talentos lhe assegurará constante aplicação na expressão desses talentos. A aplicação da Individualidade aos talentos poderá ajudá-lo a alcançar suas metas.

Pessoal

O teste da verdadeira Individualidade está nesta categoria. Se você se sente contente e seguro, a razão é porque a sua Individualidade está em equilíbrio. Se você for demasiado subserviente e se esforça constantemente por agradar, está precisando fazer valer-se a si mesmo para atingir o Ponto de Equilíbrio. Por outro lado, se você for demasiado agressivo e forceja constantemente por provar o seu ponto de vista, alienar-se-á das próprias coisas que procura na vida.

Negócios

A Individualidade precisa ser usada em assuntos de negócios. O desafio é aprender como. Isso não tem relação alguma com posição ou prestígio. É uma questão de saber quem você é e de respeitar-se pelas coisas que faz. Se se sentir não-produtivo, reflita se está no emprego certo. Se for bem-sucedido, certifique-se de que se trata de um sucesso pessoal autêntico, e não um sucesso à custa dos outros. A Individualidade, em sua melhor forma, é o exercício de uma boa liderança e a aceitação da sua posição com orgulho e talento.

Exercício 21: chave interna 2 – cooperação

COOPERAÇÃO: O ato de cooperar e unir esforços. O juntarem-se ou combinarem-se pessoas para finalidades de produtividade conjunta, para esforços conjuntos.

Eu

A verdadeira Cooperação requer a arte de dar e receber igualmente. Em relações íntimas, essa habilidade precisa ser dominada suficientemente para assegurar às duas pessoas interessadas a criação do vínculo necessário a continuarem juntas. Quanto mais íntimo for o relacionamento, tanto mais é testado esse nível. O estabelecimento de uma sensibilidade entre ambos ajuda a determinar o momento de dar e o de receber. O fato de aprender a arte da Cooperação acrescenta força às capacidades de cada pessoa. O ter quem compreenda seus esforços pessoais, e o ter o apoio dessa pessoa dá-lhe, com efeito, uma força adicional para você realizar tudo o que deseja.

Cooperar é "partilhar", receber apoio de outrem e saber quando o retribuir. É o Ponto de Equilíbrio. Espiritualmente, o universo e o homem existem de forma cooperativa. O experimentar a essência da alegria, o deleitar-se com o fato de alguém receber alguma coisa como se esta fosse dada a você – são exemplos dessa energia maravilhosa.

A medida de dar e tomar está amiúde fora de equilíbrio. Quando esperamos sem nenhuma razão, esperamos o que fica além da razão. Se você dá continuamente, deve averiguar por quê. Se as respostas forem boas e acrescentarem o seu sentido de bem-estar, tudo está bem. Mas se você se sentir exaurido, exausto e em constante perturbação, deve agir para emendar a situação. Seja nos relacionamentos pessoais, seja nas relações de negócios, urge que se faça o ajustamento.

À PROCURA DE UMA RESPOSTA:

1. Você está dando demais ou de menos?
2. Você tem dificuldade em partilhar?
3. Você está só e precisando de companhia?
4. Você está experimentando estresse por causa de algum relacionamento?
5. O que é que você espera desse relacionamento?
6. Manter relacionamentos é uma luta constante?
7. É fácil e natural ser o "você verdadeiro"?
8. Sente-se preso numa armadilha e incapaz de escapar?
9. Que mudanças pretende fazer?

Relacionamentos

Seus relacionamentos devem complementar suas metas de vida. A manutenção de relacionamentos que não têm valor e causam estresse constante é destrutiva. Laços cármicos podem ligá-lo mas, se você acha que já pagou suas obrigações cármicas, é tempo de cortá-los e seguir o seu caminho! De outro modo, poderá estar acumulando mais carma!

Talentos

Se você deseja verdadeiramente utilizar seus talentos e os sente bloqueados por causa de outra pessoa, uma boa idéia será analisar a situação. Um bom e sólido relacionamento não dá uma aplicação negativa ao seu talento – nem, na verdade, ao talento da outra pessoa.

Pessoal

O amor-próprio e o respeito de si mesmo são o material com que você precisa construir. Sem esses ingredientes, não forma nem desenvolve nenhum relacionamento bem-sucedido. *Gnothi Seauton* significa "Conhece-te a ti mesmo". Saiba o que você quer, conheça suas necessidades e aspirações. Desenvolva a autoconfiança e atrairá exatamente o que deseja – seja um relacionamento satisfatório, seja uma expressão de talento, seja qualquer outro aspecto da vida. O ser você mesmo e o saber o que o torna contente e feliz são muito importantes. Um relacionamento só lhes acrescenta a importância. Um relacionamento não pode ser toda a razão do seu contentamento e da sua alegria espiritual. Você também precisa fruir e apreciar quem *você* é. Isso o torna mais capaz de encontrar um relacionamento em que ambos realmente se completam um ao outro.

Negócios

A Cooperação é a chave de toda situação de negócio. O aparecimento de alguma dificuldade no trabalho sugere insatisfação com a própria posição ou com os colegas que o rodeiam. Verifique qual é a causa, ou se são as duas. A deterioração de uma afetará inevitavelmente a outra. Se alguma parte de você não está feliz na situação de trabalho, investigue por quê. Se o problema não puder ser solucionado, não lhe restará outra alternativa senão procurar outra coisa. Afinal de contas, se você não está satisfeito, não estará dando o melhor de você, e isso só poderá exacerbar o seu dilema.

Exercício 22: chave interna 3 – criatividade

CRIATIVIDADE: Ter o poder de criar, de dar forma a alguma coisa, de produzi-la a partir dos próprios pensamentos e imaginação. Apresentar idéias e traduzi-las em realidade.

Eu

Crescemos e evoluímos recebendo idéias e trabalhando com elas para criar. Muita gente trouxe talentos cármicos para a sua vida. O impulso constante para criar alguma coisa especial é um sinal seguro de talento cármico inerente. Quando as idéias aparentemente estouram na sua cabeça, devem receber alguma atenção antes que você as esqueça. Atente para suas necessidades interiores e permita-se segui-las até o fim. Por mais magníficos ou humildes que possam ser seus talentos, essa não é a questão. Conceder a si mesmo a liberdade pessoal do ensaio e da experiência é vital para o seu crescimento espiritual.

O saber que outra pessoa será capaz de fazer alguma coisa melhor não é razão para não tentar. A mãe que cria um bonito bolo de aniversário experimenta uma sensação profunda de satisfação. Talvez saiba que um grande chefe de confeitaria pode fazer um trabalho mais artístico, mas sua preocupação é expressar os próprios talentos. Suas recompensas estão sempre ali, ainda que seja apenas nos olhos do filho! Que melhor recompensa pode haver para ela?

As crianças pequenas gostam de expressar e explorar todas as possibilidades. Esse dom prazenteiro *não* se remove. Está sempre ali, pronto para ser usado. O fato de não levar a sério o desejo interno de criar poderá, em verdade, afetar muitas outras áreas da vida. Um sentido de insatisfação poderá derramar sombra sobre cada esforço. Um homem que passa o dia inteiro sentado à sua escrivaninha pode recrear-se efetivamente plantando flores. A medida da sua Criatividade não importa. O que importa é a *expressão* do que está sentindo. Nunca deixe de dar atenção ao "unzinho" lá de dentro. Sinta-se livre para ser quem você é e poderá ficar pasmado quando vir os resultados. Uma vontade importuna e persistente de fazer alguma coisa pode ser a chave para abrir a caixa de Pandora. Mas se não explorar tudo o que você é, jamais conhecerá a alegria da Criatividade.

À PROCURA DE UMA RESPOSTA:

1. Você tem o desejo de criar alguma coisa?
2. Gostaria de ter tempo livre suficiente para fazer alguma coisa diferente?
3. Pensa em coisas que gostaria de fazer?
4. Já se imaginou alguma vez expressando um talento inusitado?
5. Que espécie de coisas você gostaria de tentar fazer?
6. Que obstáculos criou que o impediram de tentar?

7. Quando foi a última vez em que se alegrou em usar sua Criatividade?
8. O que é que você precisa para começar a ser criativo?
9. De que maneiras expressa o seu Eu Verdadeiro?
10. Que talento secreto imagina possuir bem no fundo de si mesmo?

Relacionamentos

A Criatividade nos relacionamentos é absolutamente necessária. O esforço contínuo por criar e desenvolver concorre para a força do relacionamento. O tempo e as circunstâncias têm um jeito de fazer-nos mudar. Nessas mudanças precisamos ser versáteis – não apenas desejando criar, mas também estando preparados para fazê-lo em novas condições. Infelizmente, muitos relacionamentos terminaram simplesmente porque, no começo, a vontade natural de exprimir-se foi reprimida ou negada. Mais tarde, quando se torna importante mostrar esse lado do nosso eu, nosso parceiro careceu de compreensão. Nós, então, falamos em superar o relacionamento, ou superarnos um ao outro.

Talentos

A Criatividade é a energia que canaliza talentos ocultos e os traz à superfície. O impulso natural nunca deve ser suprimido. Deve ser investigado com cuidado e incentivado, se suportar a investigação. Muitas vezes o talento inerente deixa-se ficar adormecido se o Eu Superior perceber que, por uma circunstância qualquer, os talentos se frustrariam. Num momento oportuno da vida, o Eu Superior libera o impulso. Isto explica os talentos que afloram à superfície numa época tardia da vida.

Pessoal

A Criatividade pessoal diz ao mundo quem somos. O trato no vestir, o estilo e as coisas que nos cercam são todos parte da nossa expressão pessoal. A sociedade o reconhece e, infelizmente, somos apresentados com imagens nem sempre resultantes da verdadeira Criatividade pessoal. Olhamos com demasiada freqüência para as coisas exteriores, procurando a imagem que desejamos projetar, em vez de criar nossa própria expressão. O modo com que você fala, o modo com que se relaciona com as pessoas, o modo com que se projeta, tudo isso faz parte da sua Criatividade pessoal.

Negócios

Quando chegamos ao problema dos negócios, encontramos uma saída tremenda para a Criatividade – se você estiver na posição certa dos negócios. Se se sentir limitado em sua expressão, isso quer dizer que o trabalho que está fazendo não lhe permite satisfazer a sua necessidade de ser criativo. A Criatividade não é simplesmente ser artístico como tal. Criatividade é expressar-se alguém por meio do que faz. É utilizar sua maneira única de produzir resultados.

Exercício 23: chave interna 4 – disciplina

DISCIPLINA: Estado de ordem que mantém o treinamento e o controle. Regulamentos para o proceder e a eficiência. A mente ou o caráter atuam de acordo com regras estabelecidas.

Eu

Regras e regulamentos estão em toda a parte e em todos os caminhos da vida. A alguns aderimos prontamente, de outros nos doemos quando sentimos que tomam liberdades com nossa intimidade. O tipo da Disciplina de que estamos falando é a "autodisciplina". Sem ela, não temos regras para seguir. Não há limites e, no entanto, uma pessoa sem autodisciplina choca-se continuamente com os limites estabelecidos pelos outros.

A própria vida é Disciplina, de modo que, se agirmos de maneira indisciplinada, ficaremos desequilibrados em relação a tudo o que é. Para respeitarmos a Disciplina, precisamos estabelecê-la dentro de nós. Uma pessoa disciplinada compreende a disciplina dos outros. O corpo físico escora-se na Disciplina que você aplica. Se comer demais e não fizer exercícios, logo terá excesso de peso.

Uma dose exagerada do que quer que seja desequilibra a vida. A frase "só trabalho e nenhuma diversão fazem de Jack um menino bobalhão" é perfeitamente verdadeira. Todos os aspectos da vida precisam ser tomados em consideração. A aplicação da Disciplina torna o atingimento da meta muito mais fácil. A Disciplina em todas as coisas é um imperativo absoluto. Sem ela teremos o caos e constantes convulsões na vida.

À PROCURA DE UMA RESPOSTA:

1. Ausência de sucesso indica ausência de bases.
2. Sem Disciplina, você não poderá melhorar.

3. Você está, atualmente, tentando alcançar uma meta?
4. Você lançou alicerces firmes e sólidos?
5. Sem alicerces, a menor provocação destruirá seus esforços.
6. As idéias prosperarão se forem estabelecidas com firmeza.
7. Você é negligente quando se trata de planejamento?
8. A obtenção de resultados bem-logrados requer planejamento.
9. Você falha todas as vezes que tenta?
10. Por quê?

Relacionamentos

Nenhum relacionamento sobrevive sem Disciplina – está destinado a terminar antes mesmo de principiar. Depois que você aplicar a raiz da Disciplina, seus esforços serão frutíferos. A Disciplina pode parecer restritiva, *e é*! Mas sem ela não podemos contar com nada. Sem ordem, há desordem, e não tiraremos nenhum amor nem satisfação desse nível.

Talentos

A menos que você olhe com atenção, os talentos e a Disciplina não parecem relacionados. No entanto o são. Tudo o que é suscetível de crescimento requer Disciplina, sem a qual será jogado de um lado para outro pelos elementos. O talento exige o poder da Disciplina para fazê-lo resistir às influências que se lhe antepõem.

Pessoal

A Disciplina pessoal faz de nós o que somos. Ela pode ser encontrada em cada uma de nossas expressões pessoais. A maneira com que conduzimos nossa vida revela a medida da Disciplina que pauta o nosso viver. A Disciplina é *finalmente* libertadora. Pavimenta o caminho para a expressão verdadeira e sincera. Monitoriza nosso modo de pensar e, por conseguinte, se mostra. É evidente em nossa personalidade e, se faltar, os outros se sentirão repelidos pela nossa falta de autodomínio e pela nossa desordem.

Negócios

O jeito com que você aplica a Disciplina nas condições de trabalho determinará a responsabilidade que lhe foi delegada. Não saia de casa sem ela! As promoções e aumentos de salário estão todos associados à sua capacidade de disciplinar-se a si e ao trabalho que executa. A falta de Disciplina no local de trabalho pode ser desastrosa.

Exercício 24: chave interna 5 – liberdade

LIBERDADE: Liberação da reclusão ou do constrangimento. Liberdade, independência. Facilidade de movimento e liberdade de uso. Liberdade para ser você mesmo.

Eu

A Liberdade pessoal interior é o passaporte para todos os outros níveis. Sem Liberdade interior, você não tem acesso às qualidades e vantagens dos outros níveis. O seu sentido interno de Liberdade pessoal supera todos os temores. Afasta-o rapidamente do fracasso. Permite-lhe ser quem você é. Não existe substituto para a Liberdade pessoal interna. Você precisa de espaço físico, mental e espiritual para expressar tudo o que é e pode ser.

As pessoas fazem pouco caso ou abrem mão a miúdo da sua Liberdade interior por um dá cá aquela palha. Todo o conceito de Liberdade está ligado ao significado do carma – não à posição social nem a situações inevitáveis – mas à Liberdade interior, reflexo da espiritualidade. Se perdermos vista dessa Luz íntima, as aspirações e metas futuras estarão toldadas pelas restrições auto-impostas.

Para você atingir metas de vida e reconhecer o seu caminho cármico, é imperativo que retenha o sentido interior de Liberdade. Nascemos com tudo o que precisamos para alcançar nossas metas espirituais. Por mais exigente que se torne a vida, sempre temos acesso à Luz interna da Liberdade. Depois que aceita a importância da Liberdade íntima, você verá prontamente que, não obstante sua situação presente, está livre para pensar, mudar, adaptar-se, aprimorar-se e rejeitar. Com uma percepção constante da Luz interior, está livre para usar sua Liberdade pessoal. Toda dificuldade na vida começa com sua própria negação de Liberdade pessoal. Seus esforços e metas só poderão ser firme e corretamente arraigados se você estiver sempre cônscio dessa força. A Liberdade pessoal é o maior dom. Com essa energia, você pode ser quem é. Tenha a consciência permanente desse dom. A vida pode ser problemática mas, enquanto brilhar a Luz da Liberdade interior, você terá acesso a todas as partes do seu ser. Essa Luz toca cada faceta da sua capacidade. Capaz de vasculhar e sondar todos os níveis da Consciência, fornece o que quer que se faça *mister* para reter a sua Luz. Olhe para a escuridão do dilema e encontrará essa Luz. Ela se afastará, célere, do seu problema e luzirá brilhante, na área capaz de resolver e apresentar a solução exigida.

À PROCURA DE UMA RESPOSTA:

1. Saiba que você é totalmente livre para fazer opções.
2. Fazendo opções, estará usando a Luz interior.
3. A Luz interior mostrará o que você precisa fazer.
4. Que limitações impôs a si mesmo?
5. Em que áreas precisa fazer opções?
6. Com a Luz interior você *pode* ver para além das suas limitações.
7. O que é que o impede de ser livre?
8. Quando agirá sobre essas coisas?
9. O medo do medo é excessivamente devastador?
10. Tome conta de você mesmo *agora*. Isso é Liberdade.

Relacionamentos

O fato de ter um relacionamento íntimo não significa que você deva renunciar à Liberdade pessoal interior. Um bom e forte relacionamento é fortalecido pelas *duas* Luzes interiores – a sua e a do seu parceiro – ambas se expandindo, radiantes, enquanto se refletem uma à outra. Ser íntimo não significa que o parceiro tenha de extinguir a Luz interna da Liberdade. Um relacionamento verdadeiro e expressivo significa o oposto – cada qual complementa o outro e contribui para ele.

Talentos

Dir-se-ia que existe uma desculpa universal, que é, "Não tenho tempo". Quantas vezes você já disse ou ouviu essa frase? É possível que acredite nela! Como sabe, o talento *não é um passatempo*. É uma parte de você que anseia por expressar-se. A medida do seu talento não importa. A parte de você, criativa e enraizada na experiência da vida passada, precisa vir à tona. A sensibilidade associada ao seu talento é um belo aspecto seu. Quando não é usada, essa parte sua queda-se no limbo. À proporção que você começa a expressar seus talentos, essa parte não usada da sua personalidade emerge, a fim de expandir todo o seu potencial.

Pessoal

Tenha a Liberdade pessoal de ser o que é em todas as coisas. Não tenha medo de pôr essa sua parte em tudo o que você faz. O você verdadeiro está livre! Se esconder essa parte de si mesmo estará limitando todas as fontes de alegria e felicidade pessoais. O sentir-se realizado é a recompensa da Liberdade. Poderá talvez deitar abaixo falsas esperanças, mas fortificará as metas verdadeiras. Tudo o que você *é* tem de fazer parte de tudo o que você *faz*.

Negócios

A Liberdade lhe dá a opção e a experiência lhe determina a opção. Nas situações de negócios o ego não deve ficar no caminho da realidade. Se você se sentir competente, sentir-se-á livre para expressar suas habilidades nos negócios. Se não for competente, sua Liberdade será limitada. Elimine as barreiras aplicando sua Liberdade interior às áreas certas. Você é livre para aprender e aperfeiçoar suas habilidades, se for necessário. Se não estiver satisfeito com sua situação de trabalho, ou se lhe faltam alguns requisitos, use a Liberdade para melhorar e progredir.

Exercício 25: chave interna 6 – equilíbrio

EQUILÍBRIO: Controle autorizado. Estado de equilíbrio. Compostura e estabilidade. Harmonia dentro e fora. Espiritualmente, equilibre-se e seja consciencioso em todas as coisas.

Eu

Onde há perturbação, há falta de Equilíbrio. O Ponto de Equilíbrio equipara a satisfação com o que você faz ao que você aceita dos outros. O Ponto de Equilíbrio é *você*. Pode ser difícil distinguir "satisfação" de "aceitação", mas há uma enorme diferença. A satisfação é realizar o seu desejo, ao passo que a aceitação é concordar com o que quer que aconteça, seja ou não o que você deseja. Para ficar satisfeito, você precisa ter-se comprometido a atingir certa meta. Aceitar simplesmente dá a entender que você estava disposto a deixar por menos.

Visto que por Equilíbrio entendemos permanecer centrado, nada menos do que isso pode ser considerado aceitável. Significa ser você mesmo. Espiritualmente, o Equilíbrio é um estado natural de ser, motivo pelo qual a alma ambiciona paz, Equilíbrio e harmonia. Expostos à vida e às complicações do esforço cármico, é possível que nos afastemos desse Ponto de Equilíbrio. Mas, à diferença das metas, onde precisamos estender e exercitar o esforço, o Equilíbrio é um estado natural de ser. O fato de você continuar equilibrado em todas as coisas, pensamentos, palavras e atos, o trará sempre de volta ao caminho cármico.

À PROCURA DE UMA RESPOSTA:

1. A falta de Equilíbrio causa um estresse contínuo.
2. Você se sente estressado?
3. Que áreas de sua vida lhe estão causando estresse?
4. O que é que se requer nessas áreas para restabelecer o Equilíbrio?
5. Você está disposto a analisar e corrigir?
6. Quando se sente desprovido de Equilíbrio, tudo lhe parece difícil.
7. Problemas de saúde podem manifestar-se quando você está privado de Equilíbrio.
8. Faça um plano para corrigir e uma meta para alcançar.
9. Os outros são afetados pela sua ausência de Equilíbrio?
10. Que é o que você pode fazer a esse respeito, e *quando*?

Relacionamentos

Não se iluda, *todos* os relacionamentos são afetados quando você está sem Equilíbrio. Você pode imaginar-se capaz de esconder seus verdadeiros sentimentos mas, seja qual for a natureza da relação, todos são afetados, incluindo filhos, entes queridos, colegas de trabalho e, o que é mais importante, você mesmo. As energias que empresta a cada situação são coloridas pelo modo com que se sente.

Quando você corrige seu Equilíbrio, suas energias se distribuem às áreas de preocupação que terão sido controladas na direção errada.

Talentos

À medida que o estresse e a pressão requerem uma energia adicional, outras áreas de sua vida são negligenciadas. Seus talentos sofrem efetivamente. O Equilíbrio é essencial e se você padece de falta de Equilíbrio, seus talentos podem parecer inexistentes. Quando toda a concentração se canaliza para uma energia negativa e indesejável, o resto de sua vida mergulha num caos. Tudo é afetado quando você perde o Equilíbrio interno. Os talentos sofrem especialmente, pois não há alegria em expressar o Verdadeiro Eu.

Pessoal

Você nunca deixará de tomar conhecimento da sensação terrível de depressão que acompanha a ausência de Equilíbrio. Uma sensação pesada e constrangedora, inexorável em sua urgência constante. Todos os níveis da Consciência procuram encontrar o Equilíbrio interior. Sem ele, você não pode ver o futuro nem fazer planos para ele.

Sua atenção está constantemente concentrada nas condições negativas. Lembre-se sempre de que isso só pode piorar as coisas! Não desaparecerá na noite – ao contrário, torna-se ainda mais ativa de noite. Enfrente a causa, confronte a causa, elimine a causa. Se não o fizer, o Equilíbrio se deteriorará ainda mais e as coisas se tornarão piores. Respire profundamente e assuma o controle *agora*.

Negócios

Sem o Equilíbrio, os primeiros sinais de perigo aparecem em relação a outros no trabalho. Sua produtividade também é afetada, e continuará a sê-lo, enquanto você não tiver corrigido a situação. Enganos, encobrimentos, desculpas, tudo são sinais em que se deve prestar atenção. Passando oito horas diárias numa situação de trabalho, o desequilíbrio não pode passar despercebido ou não observado. Mergulhe no problema e lide com ele. Nada mais do que isso servirá. Você tem necessidade do seu precioso Equilíbrio para dirigir seus negócios. No momento em que principiar a resolver a situação, tudo começará a voltar para o lugar.

Exercício 26: chave interna 7 – sabedoria

SABEDORIA: A qualidade de ser prudente. Julgamento seguro e verdade para proceder conformemente. Bom senso, conhecimento. A faculdade de determinar o certo e o errado e aplicá-la ao eu.

Eu

A sabedoria é como uma pedra irregular dada ao homem. À medida que este se desenvolve e aprende a viver consigo mesmo e com outros, seus esforços são conhecidos nos céus. A pedra irregular é talhada pela experiência pessoal e polida pelo modo com que o homem faz uso da sua Sabedoria. É vista e respeitada no Céu e na Terra igualmente.

A mente de uma criança parece, amiúde, mais aberta à Sabedoria do que a de um adulto. Ávida, a criança busca novos conhecimentos. E assim cresce. Vemos o adulto, com freqüência, recusar-se a aprender. A descoberta de novos conhecimentos requer uma curiosidade infantil e a maioria dos adultos tem um número excessivo de problemas para estar explorando esse conceito. Reunir e entender os conhecimentos que adquirimos não basta. Você granjeia Sabedoria quando põe em uso, praticamente, o conhecimento. Conhecer é uma coisa, agir ou proceder com base no conhecimento é outra. A Sabedoria é experiência – uma experiência completa. O homem prudente não pára de pesquisar enquanto não tiver captado o conceito integral – enquanto não *souber* que sabe. Muito freqüentemente, temos a experiência e nada aprendemos com ela. A experiência esculpe o caráter. Só se torna Sabedoria quando suas imagens passam a fazer parte da pessoa toda.

À PROCURA DE UMA RESPOSTA:

1. Sabedoria é a verdade aprendida com a experiência.
2. A vida enseja oportunidades para aprender e adquirir Sabedoria.
3. Erros repetidos são a negativa do Eu Superior.
4. Quando se vê diante de um problema, você pára para examiná-lo minuciosamente?
5. O que foi que você aprendeu com a experiência passada?
6. A Sabedoria interior permite ao intelecto amalgamar-se com o Espírito.
7. Pare para pensar antes de responder.
8. Quais são as áreas de sua vida que o perturbam de contínuo?
9. Você tem medo de não conseguir o que deseja?
10. Você age irresponsavelmente e depois se arrepende de ter agido assim?

Relacionamentos

O fato de você usar o conhecimento havido de relacionamentos passados pode ajudá-lo a evitar a repetição dos mesmos erros. Se um relacionamento importante não satisfez a determinada necessidade sua, pense com muito cuidado antes de exigir o mesmo de um novo relacionamento. Pense no seguinte: você está procurando o elemento faltante ou está sinceramente usufruindo um novo relacionamento pelo que ele é? Em alguns relacionamentos você encontrará um laço mais forte do que em outros. Deixe que o seu Espírito Superior o inspire e guie. Vocês podem ter, por exemplo, um elo cármico definido entre ambos. Em muitos relacionamentos o carma envolvido requer que as duas almas se ajustem e compensem reciprocamente.

Talentos

Os talentos são o resultado da experiência de vida passada! Eis aí por que não devem ser desprezados. Os talentos são parte do que você é e tem sido. O homem é capaz de todas as coisas. Quando tem uma necessidade, usa talentos particulares num tempo de vida específico. Como parte da sua experiência aqui na terra, ele nasce sempre com um novo potencial.

Isso explicaria a expressão incompleta de um talento inerente. A limitação não é capacidade, senão necessidade. O talento será aprimorado numa futura experiência de vida.

Pessoal

Só logramos um sentido de realização pessoal quando fazemos um esforço. Seu bem-estar pessoal depende da paz interior que somente um esforço dessa natureza é capaz de trazer. Até o conhecimento de que você tentou e falhou se torna Sabedoria, porque a experiência é registrada. Daí que você acumule Sabedoria, através da combinação da experiência e do conhecimento. O teste, naturalmente, consiste em saber se a você aproveita ou não a Sabedoria. Uma vez adquirida, ela permanecerá para sempre, até ser usada outra vez e aumentada pela experiência adicional.

Negócios

O emprego da Sabedoria é crítico em toda situação de trabalho. Você precisa reaver o conhecimento armazenado pela experiência pessoal. A menos que você o faça regularmente, você não poderá esperar manter sua posição na vida. A Sabedoria cobre todas as áreas de expressão. O Eu Superior está constantemente apresentando mensagens. E seria uma tolice você separar deliberadamente o seu eu dessa fonte ao deixar o trabalho. Vemo-lo, todavia, em inúmeras pessoas. Pessoas ativas, produtivas, cometem, não raro, erros estúpidos em situações particulares. A Sabedoria é como um imenso guarda-chuva. Protege-nos enquanto o mantemos erguido.

Exercício 27: chave interna 8 – poder

PODER: Capacidade de fazer ou agir. Uma faculdade particular do corpo ou da mente. Vigor, força, energia para exercer autoridade.

Eu

O teste da espiritualidade quando possuímos Poder consiste em saber como o usamos para nós mesmos e para os outros. Algumas pessoas têm medo da própria magnitude de Poder e hesitam em usá-lo. Outros utilizam-no excessivamente para manipular e assentar suas necessidades. Quando o nosso Poder é manifestamente mal-usado, podemos encontrar a causa disso. Tudo o que temos de fazer é reconhecer que o ato de Poder teve origem numa experiência passada, ainda não transformada em Sabedoria.

O exercício do Poder com tal reconhecimento acabará apagando a experiência original. É o que se pode notar em atos futuros ou nas tentativas de fazer demonstrações desse Poder.

Se consultarmos a história, veremos o modo com que seres humanos poderosos destruíram o próprio Poder. A isso chamamos "autodestruição". A autodestruição se verifica quando não permitimos ao Eu Superior transformar experiência em Sabedoria. O Poder inverte-se, causando destruição.

A palavra Poder sugere ações fortes, firmes. Isso é verdade, mas precisamos também considerar outras expressões de Poder, igualmente eficazes. Delicadeza e compaixão constituem maneiras de expressar e expandir o Poder.

Tais qualidades são rapidamente absorvidas pela Sabedoria, e o Poder continua a crescer quando exposto à entrada espiritual do Eu Superior. Antes de podermos apreciar plenamente a qualidade da Sabedoria, precisamos saber como ela medra e se multiplica. A Sabedoria é espiritual e adere à alma. Antes de poder manifestar-se exteriormente, precisa reabastecer-se interiormente.

À PROCURA DE UMA RESPOSTA:

1. Sua experiência de vida foi transformada em Sabedoria?
2. Pense bem no Poder que você detém agora.
3. Alongando a vista pela sua vida pregressa, você pode ver se perdeu algum Poder?

4. A ser assim, pode ver por quê?
5. Qual é a melhor maneira de você usar o seu Poder?
6. Pode sentir o Poder interior?
7. Está expressando o seu Poder exteriormente?
8. Como pode melhorar o uso do seu Poder?
9. Se deseja Poder para uma boa causa, ele lhe será dado.
10. Reflita no modo com que você poderia usar uma força adicional.

Relacionamentos

Todos os relacionamentos geram Poder. É o magnetismo do Poder que atrai uma pessoa para a outra. O elo que sustenta o relacionamento deriva da fusão do Poder individual de cada um. Quando um parceiro exerce mais Poder do que o que lhe cabe, podemos assistir a uma erupção de alguma espécie. O equilíbrio do Poder torna os relacionamentos duradouros, assim entre as nações como entre os homens. O uso do Poder com autocontrole é o uso máximo e produz resultados emocionantes. O uso do Poder para dominar os outros contra a vontade deles gera ressentimentos e novos fatores deteriorantes. Esse aspecto vibratório geralmente se relaciona com o Poder material. A energia habilidosa que nos faculta ser, ao mesmo tempo, cultos e bem-sucedidos é um Poder estimulante que há de ser usado com Sabedoria. Com essa Chave Interna, você pode esperar oportunidades de bom êxito e consecução. Cumpre, porém, que tais oportunidades sejam usadas com cuidado.

Talentos

Quando esse aspecto vibratório se associa ao talento sugere reconhecimento e recompensa. Um aumento de energia nessa área pode ser muito promissor. Esteja atento a oportunidades inesperadas.

Se você estiver atualmente empenhado em desenvolver planos, certifique-se primeiro de que sua concentração e seus esforços estão controlados. Esse tipo de energia é poderoso e, se não for usado apropriadamente, pode converter-se em frustração e ameaçar outros canais de expressão.

Pessoal

O recebimento de um nível de Poder nesta categoria requer cautela. Vindo diretamente para o seu controle pessoal é um Poder destinado a favorecer-lhe o progresso. Mantenha em mente esses tipos de questões. A robusta energia que esclarece e abre caminho para resultados positivos e felizes não é negativa mas, se não for usada corretamente, pode parecê-lo. Se você a aplicar a relacionamentos pessoais, em que existe alguma fraqueza, pode demolir a associação feita numa base pessoal. O seu uso em negócios ou em coisas materiais exige bom senso para trazer bons resultados.

Negócios

É aqui que o aspecto vibratório do 8 gera energia positiva e bem-sucedida. Empregar-se um sentido de Poder e comando nos negócios para melhorar, mudar e aumentar suas oportunidades.

Um sentimento de expansão cria o ímpeto para o aumento e a recompensa, como dirigir uma grande corporação ou ser promovido a uma posição muito desejada, com um acrescentamento de dinheiro e prestígio. O aspecto vibratório é evidente em todas as áreas. No lar, pode significar um acréscimo de dinheiro, que lhe permitirá comprar um item desejado. Onde quer que você esteja na vida, este aspecto poderoso o encontrará.

Exercício 28: chave interna 9 – liberação

LIBERAÇÃO: Libertar da restrição e da reclusão. Liberar, desvincular da obrigação, da dor, do sofrimento, da preocupação. Aliviar-se de situações não desejáveis. Desistir, deixar passar.

Eu

Esta bela vibração permite um renascimento de possibilidades novas e emocionantes. É importante que a pessoa se beneficie dessa energia vital. O 9 carrega uma promessa, mas exige antes alguma coisa de você!

A Palavra-Chave é *Liberação* e, para experimentar o presente do 9, você precisa primeiro liberar condições indesejáveis do seu atual caminho de vida. Isso nem sempre é fácil, mas é necessário antes de você poder compartir de tudo o que o 9 oferece.

Por trabalhar desse jeito, o 9 é, freqüentemente, malcompreendido. Essa energia necessita de "esclarecimento", de "espaço" suficiente para ativar o próprio poder em sua vida. Se você se apegar a situações não desejadas, a relacionamentos que já não funcionam, não dará espaço a situações novas e emocionantes, ou bons e afetuosos relacionamentos. Isso não quer dizer que devamos deixar que se vá tudo o que representa segurança e amor. Basta que você reconheça as situações estagnadas, obrigações desnecessárias e tudo aquilo a que você sobreviveu, e que já não faz parte do seu futuro caminho de vida.

À PROCURA DE UMA RESPOSTA:

1. O que é que está faltando em sua vida?
2. Você sabe por quê?
3. Pode reconhecer os obstáculos autofabricados?
4. O deixar passar requer fé no próprio futuro.
5. O medo que o faz apegar-se pode ser substituído.
6. Sabe o que são os seus medos?
7. A saúde física melhora tremendamente quando você libera a negatividade.
8. O caminho cármico torna-se mais claro com tal Liberação.
9. Libere a negatividade e os relacionamentos se tornarão ainda melhores.
10. A predominância dos 9s em sonhos ou tabelas significa "vida nova".

Relacionamentos

Pode haver uma tendência para resistir ao aspecto do "deixar passar" do 9 na área dos relacionamentos. Deixe-me assegurar-lhe que não se espera de você que se descarte indiscriminadamente de todos os relacionamentos existentes. Isso seria tolice. O importante é que, se você está mergulhado em relacionamentos que se esvaziam constantemente, deve avaliá-los e proceder aos ajustamentos imprescindíveis. Isso resultará num aumento de sua energia e do seu discernimento no futuro. Também lhe permite dedicar mais tempo aos relacionamentos realmente importantes. E descerra uma visão nova da possibilidade de novos e significativos relacionamentos.

Talentos

Aqui está uma oportunidade para você descartar-se de métodos velhos e cansados. Se tiver uma robusta concentração na área do talento, pense nos seus esforços atuais e esteja aberto a idéias novas e mais lucrativas. Se você tem andado procrastinando, escondendo seus talentos, a energia do 9 lhe fornecerá a força de que precisa para desvelá-los e melhorar o modo com que você se apresenta. A semente de uma idéia pode entrar de repente em atividade ao impacto da energia do 9. Esteja franqueado e pronto para novas idéias e para a expansão da expressão.

Pessoal

A energia do 9 toca-o de forma pessoal. Você pode descontentar-se praticamente de tudo! Pode experimentar uma sensação de irritação e autocontestação, perguntando a si mesmo por que isto e por que aquilo. Pode sentir necessidade de recomeçar em muitas áreas, reorganizar sua vida, experimentar coisas novas. Tudo isso são sinais de que a energia do 9 está chegando a um nível pessoal. Isso pode ser visto em situações insignificantes. A aparência pessoal pode mudar, com um estilo diferente e uma abordagem nova e ousada.

Você pode surpreender-se pensando em novas situações de trabalho, nova residência, novas idéias. A única coisa que pode retê-lo é o apego a situações atuais.

Negócios

A mensagem do 9 é Liberação. As mudanças necessárias são mais do que evidentes. Você não pode errar. Tudo o que reprimiu aflora à superfície quando entra essa energia vibrante. A Liberação pode ser apenas um caso de mudar situações não desejadas. A Liberação do velho permite o nascimento do novo. Isso não significa um menosprezo a tudo o que você construiu ou planejou. É uma nova energia que pode ajudá-lo realmente a atingir essas metas, pela expansão dos seus planos de adequação. O carma, às vezes, tem um jeito especial de empurrá-lo para onde se supõe que você esteja em todos os aspectos de sua vida. Se isso acontecer, não oponha resistência, acompanhe a bela energia do 9.

Exercício 29: chave interna *11 – visão

VISÃO: O ato, o poder ou a faculdade de ser. A capacidade inerente de imaginar, visualizar e preparar-se para o futuro. Poder de profecia, sobretudo a visão para olhar à frente.

Eu

A Vibração do Magistral *11 tem um poder espiritual único. Sob a influência do Magistral *11 você aprofunda cuidadosa e minuciosamente o interior dos níveis da consciência. Essa força vibratória fornece suma clareza. Muitas vezes você ganha introvisão, novas atitudes e uma energia nova e restauradora.

Quando o Magistral *11 lhe aparece em sonho ou na tabela gnotológica ele está lá por uma razão definida! Cada vez que você chega a uma encruzilhada cármica da vida, o *11 desempenha uma parte importante no ajudá-lo a compreender sua posição. As decisões estão associadas a esse nível vibratório – decisões sérias, que podem ter um efeito duradouro. O segredo aqui consiste em não escolher a saída mais fácil. É uma tentação contornar possibilidades futuras, desprezar as possíveis conseqüências da ação ou da falta de ação de hoje. À proporção que o Magistral *11 se escoa pela sua consciência, propicia-lhe uma visão muito mais ampla dos acontecimentos atuais.

O *11 tem um largo alcance e inculca capacidade para a Sabedoria. As experiências das vidas passadas fazem todas parte desse conhecimento superior. É difícil não tomar conhecimento dele. Cada tempo de vida é uma lembrança viva de tempos de vidas anteriores, em que a alma se encontrou em situações similares. Às vezes, você se verá novamente rodeado das mesmas almas, que tentam resolver, corrigir ou manifestar condições que são parte integrante do seu carma em atividade.

À PROCURA DE UMA RESPOSTA:

1. Não se esqueça de pensar em todas as coisas quando o *11 é evidente.
2. A tendência negativa poderá deprimi-lo e/ou imobilizá-lo.
3. Reconheça a oportunidade de examinar criteriosamente, investigar e renovar.
4. Examine todos os aspectos da vida, em especial os relacionamentos.
5. Preste atenção à voz interior da Sabedoria e permaneça aberto.
6. Siga sua orientação interna e não tenha medo de tentar.
7. Você precisa ficar só por algum tempo, a fim de reunir seus pensamentos.
8. Descubra a mensagem cármica que você tem desta vez.
9. Você é capaz de reconhecer suas obrigações e relacionamentos cármicos?
10. Fique sabendo que, com essa energia, você pode receber tudo o que precisa.

Relacionamentos

Através do Magistral *11 revelam-se a natureza e o propósito verdadeiros de todos os relacionamentos. Não é prudente rejeitar o que se recebe. Você talvez não tenha posto energia bastante em algum relacionamento. Atente para o impulso por emendar e endireitar. Seu sentimento de amor será ampliado onde quer que haja causa. Você poderá contestar determinadas circunstâncias. E, nesse caso, receberá as respostas. A qualidade dessa Vibração do Magistral abre todas as facetas de sua vida. A opção por parar e olhar está toda ela na sua Sabedoria.

Talentos

Quando estendemos a vista para a área do talento, ficamos, de ordinário, frente a frente com a realidade. Se você estiver perseguindo afanosamente alguma coisa não complementar, tornar-se-á agudamente cônscio disso.

Se tiver dúvidas a respeito do seu talento, o Magistral *11 lhe dará introvisão. Considere o *11 como um instrumento sensível adicional para ganhar perspectiva e pôr sua vida em ordem. À proporção que você fica mais alerta, pode sonhar prolificamente e sintonizar situações de alguma vida passada.

Pessoal

Assim que penetra a energia do Magistral *11, você sente imediatamente a ocorrência de mudanças internas. Sua sensibilidade aumenta e você tem uma Visão mais extensa do que está acontecendo à sua volta. Esteja aberto a isso, visto que a tendência negativa é para retirar-se. Isto só servirá para aumentar a pressão de quaisquer problemas existentes. Medite e faça o melhor uso possível desse período. Durante a meditação e o sono, estará mais sintonizado com o Eu Superior. Esse é um bom momento para analisar verdadeiramente sua própria posição na vida e ficar aberto a novas e emocionantes oportunidades.

Negócios

O Magistral *11 traz a vassoura nova que varre bem. É a ocasião em que você se sente pronto para expressar novas idéias e pô-las em prática. Toda forma de estudo e análise agora é excelente. Você pode ficar surpreso com o que vê, e admirar-se de o não ter visto antes. Se o seu negócio requer uma Visão ampliada, você decerto a ganhará. Minudências serão importantes. O que era, a princípio, considerado insignificante tornar-se-á agora parte das suas propriedades. Você sentirá uma vontade muito grande de pôr tudo em ordem. Precisará ver exatamente o que está acontecendo em cada área. Em tais ocasiões, quando o patrão decide fazer essas coisas, você pode ter a certeza de que está experimentando o Magistral *11.

Exercício 30: chave interna *22 – controle

CONTROLE: Verificar, regular. O ato ou poder de controlar. Dominar, restringir. Estar no comando.

Eu

Não se confunda esse tipo de Controle com a opressão ou com o domínio sobre os outros. O Magistral *22 é um Controle que você adquire depois de dominar e completar certos requisitos espirituais. Esse dom pode derramar-se sobre outras áreas de sua vida. O que, naturalmente, é assaz benéfico. O Magistral *22 é um surto de poder dado a você para ser usado efetivamente por razões específicas. À medida que essa alta energia lhe inundar a consciência, você sentirá inspiração e força.

À diferença dos tons sutis do *11, o Magistral *22 é vigoroso e abundante na medida em que lhe estimula a atual atividade de vida. Há um sentido de premência ao redor dessa força. Os padrões de pensamento aumentam e os planos para o futuro anseiam por ser levados a cabo. Expandem-se os poderes não só físicos mas também mentais. O corpo parece rejuvenescido e a mente põe por terra obstáculos anteriores. Todas as vantagens devem ser aproveitadas quando você experimenta o Magistral *22.

O fato de receber o Magistral *22 num sonho indica que você está entrando num período de vida em que pode usufruir os resultados do labor passado. O sucesso desse nível vibratório será sentido em todos os níveis da consciência, o que significa melhoria de saúde, perspectiva mental grandemente acrescida e prosperidade num nível material.

À PROCURA DE UMA RESPOSTA:

1. A seqüência vibratória é crucial; você precisa controlar.
2. Reflita sobre todos os aspectos da vida; isso traz o sucesso final.
3. Fique atento, visto que ainda há mais por vir em todos os níveis.
4. Use sua energia aumentada para controlar todos os interesses.

5. O lado negativo do *22 é a destruição e a perda.
6. Ajuste-se, e aceite o poder revitalizante do *22.
7. Passe revista aos seus planos e veja se suas metas são visíveis agora.
8. Você está pronto para usar bem este poder?
9. É capaz de enxergar adiante das suas limitações?
10. Sinta o controle interior e expresse-o exteriormente.

Relacionamentos

Seja paciente com as pessoas que o cercam. Compreenda que elas não estão sentindo o mesmo afluxo de energia. Evite tentar controlar os outros. Dirija essa energia para você mesmo. Somente estabelecendo o autocontrole poderá você saborear os frutos do nível do Mestre. Pense antes de agir e conserve e concentre sua energia. Todos os níveis estão abertos ao verdadeiro sucesso. Sua personalidade pode tender a dominar os outros e isso influi nos seus relacionamentos. Tome cuidado e receberá todos os apoios de que precisa.

Talentos

Este é um momento em que seus talentos se evidenciam. Você é capaz de atrair as coisas de que necessita. Procure não ser impaciente. Ponha sua energia na visão que tem diante de si. A vontade de ser demonstrativo precisa ser acompanhada de muito bom senso. O sucesso está em toda a parte ao seu redor; espere até poder avistá-lo com toda a clareza. Seja sensível e esteja alerta a todas as oportunidades.

Pessoal

Evite a extravagância e o excesso de gastos. Permita que a vibração da prosperidade se solidifique. Sua personalidade se sentirá exuberante com esse nível vibratório. Goze-o por todos os modos, mas tente não fazer sombra aos outros. Sua aparente exploração de energia dará lugar à expressão. Mantenha a concentração em si mesmo e em seus próprios negócios. Observe as muitas mudanças que se operam em torno de você, e tome decisões prudentes. Sua saúde melhorará, mas não deixe de dormir o suficiente.

Negócios

Use a sagacidade comercial. Evite a tomada irracional de decisões. Lembre-se das regras básicas dos negócios antes de instigar alguma mudança. Você está colocado à beira do sucesso. Precisa conservar seu costumeiro senso comercial. Estabeleça a segurança financeira e mantenha o Controle em todos os aspectos do trabalho. Porque este nível vibratório revela a alegria de uma possibilidade futura, você precisa ater-se com muito cuidado ao plano original até que ele esteja cimentado. Não hesite se lhe pedirem que negocie ou apresente idéias. Mantenha o entusiasmo sob Controle, e deixe os outros verem a sua eficiência. Pode ser que lhe peçam que assuma responsabilidades adicionais que o deixarão mais próximo da sua mente.

Exercício 31: chave interna *33 – sucesso

SUCESSO: Consecução, obtenção do reconhecimento. Melhoria da posição na vida. Atingimento satisfatório de metas.

Eu

O vibrante Magistral Número *33 é a solidificação do Sucesso. É atingir uma posição segura e desejável. É a consumação, a complementação de muitas metas. Espiritualmente, é o despertar do Eu Superior. É a capacidade de estender sua consciência a todas as coisas – um canal aberto e direto para todos os aspectos do seu ser. É o poder de ser bem-sucedido.

Existir com percepção é ver além da razão terrena, e manifestar essa sabedoria em todas as coisas. Vemos os Magistrais operando dessa maneira e admiramos tudo o que eles fazem. Essa força de energia precisa ser compreendida e usada exatamente naquilo a que se destina. O mau uso da energia destrói as raízes e as bases. O aspecto negativo destroça todas as possibilidades do que poderia ter sido. A história tem mostrado o modo com que grandes potências na Terra têm sido eliminadas mercê do abuso de poder. O Magistral *33 trabalha da mesma maneira.

Podemos ver, inevitavelmente, a diligência e o criterioso planejamento que se requer antes de o *33 tornar-se efetivo. Corre a todos a obrigação de ter um propósito constante, de tal sorte que, ao experimentar essa força vibratória, possam ver a transformação ocorrida em sua vida. O poder do Magistral *33 é experimentado de acordo com a medida da intenção, dos planos e da preparação anteriores. Quando não há evidência dessas qualidades, a força reduz-se à energia do 6, visto que só pode existir ou prosperar se a base estiver ali.

O mesmo é verdadeiro em relação aos números *11 e *22, que seriam reduzidos ao 2 e ao 4, respectivamente. Aqui podemos ver em ação a Lei do Universo. O florescimento de qualquer tentativa se opera de acordo com a semente original.

À PROCURA DE UMA RESPOSTA:

1. O nível intensivo poderá ser obtido se estivermos preparados.
2. Os sonhos nesse nível são extremamente significativos.
3. Considere onde você está, e faça sua análise de acordo com sua conclusão.
4. O *33 exerce vigorosa influência cármica e acarreta mudança.
5. Você está preparado para comprazer-se no mais pleno benefício do *33?
6. Você tem metas específicas e planos para o futuro?
7. Esteja pronto para usar o *33. Ele chega quando mais precisamos dele!
8. É a culminação do desejo e do verdadeiro Sucesso.
9. É o Mestre professor; Sucesso; perfeito relacionamento.

Relacionamentos

Os relacionamentos cármicos são enfatizados sob a influência vibratória do *33. Nessa energia, os relacionamentos prosperam. Mas também podem desintegrar-se se não forem conducentes ao seu destino cármico. Essa energia poderosa significa Sucesso em todas as áreas. Motiva a intenção cármica original, de tal maneira que produz de acordo com o plano original. Remove todo e qualquer impedimento e o substitui, de acordo com o seu desejo original. A possibilidade de um casamento ou de um divórcio é examinada minuciosamente, porque a alma procura o relacionamento perfeito. O Magistral *33 pode acelerar uma união e o fará se não encontrar resistência. Ampliará também sua visão e o fará encarar objetivamente cada relacionamento presente. Se ele for bom, será melhorado. Se for negativo, as forças o ajudarão a deixá-lo passar.

Talentos

Este é um momento excelente para expressar talentos ocultos. Uma vibração do Magistral tem sua força em raízes cármicas. Uma criança pode mostrar um talento especialmente notável quando está sob a influência do Magistral *33.

Pessoal

Sente-se em todos os níveis a intensidade dessa grande força vibratória e você pode usá-la em todos os aspectos da sua vida. O seu impacto é um poder cármico, e você pode usá-lo para se expressar bem. A habilidade e a fama vêm com o Magistral *33. Se você tiver vocação para ensinar, poderá tornar-se Mestre professor. Quando o *33 toca sua vida, você tem o poder de mudar as coisas de lugar, descartar-se do supérfluo e concentrar-se na manifestação dos seus desejos.

Negócios

Você tem a oportunidade de equilibrar as coisas, fazer mudanças para que muitos ganhem. Você possui tremendas qualidades de liderança e precisa usá-las da melhor maneira possível. Este é um momento de Sucesso no alcançamento do cume do seu desejo interior. As sementes agora florescem. Pode ser o seu propósito cármico conduzir os outros. Muita responsabilidade surge com o Magistral *33. Você pode encontrar a posição perfeita, ou receber uma promoção. A oportunidade que chega com o Magistral *33 só é usada de acordo com os planos que você estabeleceu anteriormente.

Transformação dos níveis numéricos magistrais

Os Números Magistrais *11, *22 e *33 são semelhantes à eletricidade, no sentido de que precisam estar ligados à terra. Esses ciclos chegam como um resultado do progresso da alma, e sofrem a influência da sua capacidade de receber. Se uma alma carece de equilíbrio espiritual, a energia Magistral chegante se transforma – não numa energia menor, mas numa energia diferente, que a alma usa para melhorar a situação atual. O nível do Mestre se converte na energia do seu número reduzido. De modo que é importante reavaliar e ressolidificar no nível do número reduzido. Se o indivíduo souber lidar com essa oportunidade, a Lei Universal o empurrará de novo, automaticamente, para o nível de energia do Número Magistral.

O *11 reduz-se a 2: CONCENTRA-SE na cooperação e nos relacionamentos.

O *22 reduz-se a 4: CONCENTRA-SE na disciplina, nas bases e nos princípios.

O *33 reduz-se a 6: CONCENTRA-SE no equilíbrio e na harmonia.

A transformação do Número Magistral é determinada pela consciência e suas necessidades na ocasião. Como todas as vibrações numéricas são um fluxo constante, nós nos tornamos receptivos de acordo com a nossa necessidade. Se for vital disciplinarmos nossa vida e fincarmos raízes firmes, o 4 será mais apropriado do que o Número *22. De sorte que a transformação não se baseia no ser a pessoa digna ou não, mas no trazer a alma para si mesma o alimento vibratório que necessita na ocasião.

Existe, contudo, um ponto crucial durante o período de transformação, determinado pela disposição para permitir a transformação. Todos os homens têm livre-arbítrio no seu caminho cármico individual e podem estendê-lo à receptividade da influência do ciclo. Ao sofrermos o impacto de um ciclo Magistral, sentimos a onda imediata de poder que o acompanha. Se houver relutância em adaptar-se e o beneficiário decidir reter a energia, mesmo que ela não possa adaptar-se à alta freqüência, verifica-se uma transformação diferente: destaca-se o aspecto negativo, resultando na expressão negativa de uma energia Magistral. Está claro que isso pode ser interrompido instantaneamente a qualquer momento. A manutenção do nível negativo requer esforço e seria necessária uma pessoa excepcionalmente negativa para levá-la a cabo. Conservar o aspecto negativo de um Número Magistral não é comum. Você não precisa ficar muito preocupado com isso, pois seria preciso um poder negativo extremo para manter esse nível.

É muito fácil determinar se você se beneficia ou não com os níveis Magistrais. Examine de novo o Índice das Chaves Internas e veja as Palavras-Chave que definem a natureza de cada nível de energia. Existe contraste suficiente nas Chaves Internas para determinar, por exemplo, se você está ou não sob a influência do *11 ou do 2.

O poder e a influência dos ciclos numéricos nas atividades cotidianas e durante o sono são instrumentos esotéricos preciosos que ajudam a mente investigadora a compreender a atividade contínua dos níveis conscientes. Quando estamos acordados, outro nível dorme. Quando dormimos, outro nível desperta.

Capítulo 19

Nunca dormimos

Você já pensou alguma vez em que uma parte sua está sempre acordada? A alma tem de experimentar cada segundo de vida. A consciência que não dorme, sempre alerta, registra para todo o sempre a atividade da alma quando ela segue o caminho cármico. Que parte de nós desperta de manhã e participa da vida de todos os dias? Que parte de nós anseia por amor? Erramos pelo universo como poetas ociosos que olham para baixo à procura da luz de uma alma irmã? Isso acontece? Pode acontecer?

Se o sono nos separa da realidade, então para onde vamos à noite? Se a nossa consciência adormecesse ao mesmo tempo que o corpo físico, experimentaríamos a transição que conhecemos como morte. Não há dúvida de que, nesse prazo de seis a oito horas, estamos envolvidos em coisas muito maiores. Um período de seis a oito minutos, quando estamos acordados, será longo e enfadonho se não estivermos convenientemente ocupados. Aprendemos a usar bem o tempo e a considerá-lo desperdiçado se não for usado adequadamente. De modo que a pergunta que se nos impõe é a seguinte: Que fascinante ocupação nos espera quando passamos a outro nível? No rápido regresso à consciência tentamos capturar lembranças, reter símbolos e coligir imagens que se recusam a falar ou a reconhecer as perguntas da mente consciente.

Somos capazes de inspirar-nos uns aos outros quando nos alçamos a planos desconhecidos? Descobrimos nosso amor, encontramos nossos filhos, em nossa jornada noturna às estrelas? Captamos uma substância que se nos esvai entre os dedos quando despertamos devagar? Talvez desenredemos os mistérios das estrelas, extraindo a realidade dos místicos padrões de luz. A essa luz estamos expostos à realidade? Tocamos a consciência astral de novas idéias e motivações?

Quanto nos limitamos ao concentrar tudo o que somos durante as horas em que estamos acordados? Quanto disso requer esforço? E esse esforço constante se reflete no corpo físico? Essa coisa a que damos o nome de "idade" não será um termo tolo para justificar um estado limitado de existência? Não somos todos sem idade? Por que escolhemos uma palavra para explicar a força vital constante? Por que nunca pensamos numa flor como sendo velha? Vemos a árvore através de séculos de mito. Como adquiriu ela o seu título real de sabedoria?

Quando foi que sua consciência comemorou pela última vez um aniversário? O nascimento físico será, porventura, o único aniversário natalício da alma – e não existem velas muito mais altas e muito mais brilhantes nos céus? Devem essas perguntas ser respondidas? E quem o fará? Quem poderá fazê-lo? São minhas perguntas ou são suas? Poderemos ter colidido na noite e amalgamado uma à outra a parte de nós que nunca se encontrará? Quem julgará a inteligência de perguntas não respondidas?

É um ser celestial que tece um mistério contínuo através da noite? Ou será aquela outra parte do eu, que busca sua existência e seu propósito verdadeiros? Que é este mistério contínuo que seduz a consciência adormecida e acordada? Será você, serei eu? Somos nós a fonte do mistério, ou o próprio mistério?

A vida talvez pretenda que experimentemos outra espécie de amor, outra espécie de risco.Talvez seja esta uma existência de faz-de-conta, em que nos sentimos sós e sem companheiros. A coisa a que chamamos "dor" é uma lembrança de que somos realmente limitados – *e* de que somos mais do que todas essas coisas. Como crianças que brincam, crescemos no meio das estrelas. Nunca estamos sós porque vemos a luz uns dos outros. Quando as pálpebras finalmente se fecham e o mecanismo do corpo se põe a respirar feito uma máquina, talvez escapemos e criemos realidade porque somos livres.

Nossa individualidade funde-se nos céus e, relutante, se separa a fim de complementar o curso cármico? Onde está o lugar que descobrimos quando crianças? Quando nos escondíamos debaixo de lençóis e cobertores, de que mundo fugíamos? Será o conforto do travesseiro e o calor escuro da cama um buraquinho por onde nos esgueiramos? Somos concebidos, nascemos e morremos neste lugar seguro. Esta é a entrada do Universo?

"The peak"

[O pico]

There's a part of a mountain that has to be me,
There's a wave in the ocean, not part of the sea.
A breeze through a doorway, that smile on a face,
Is the way that I am and I cannot replace.

[Há uma parte de uma montanha que tem de ser eu.
Há uma onda no oceano que não faz parte do mar.

A brisa através da porta, o sorriso num rosto,
É o jeito que eu sou e que não posso mudar.]

There's a place that I know where I've never been,
There's a star in the sky, that I've never seen.
A prayer from a man, who's lonely and old,
A story I've read but never have told.

[Há um lugar que eu conheço onde eu nunca estive,
Há uma estrela no céu, que eu nunca vi.
A prece de um homem, que é solitário e velho,
Uma história que li mas que nunca narrei.]

There's children I love and words cannot say,
There's things that I feel from my yesterday.
A hope that is worn, with tears and with toil,
A feeling of home, the feel of the soil.

[Há crianças que eu amo e palavras que não digo,
Há coisas que eu sinto do meu ontem.
Uma esperança surrada, com lágrimas e afã,
O sentimento de casa, a sensação do chão.]

There's a wish I don't know, perhaps it is mine,
There's a dream yet to dream and everything's fine.
A yearning to speak of things in my heart,
The distance of thought, the miles far apart.

[Há um desejo que não conheço, que talvez seja meu,
Há um sonho para ser sonhado e tudo está ótimo.
Um anseio de falar sobre coisas em meu coração.
A distância do pensamento, as milhas muito remotas.]

There's a prayer that I pray for you and for me
There's a picture of heaven and how things could be.
A need deep inside when I try to speak
It's that part of the mountain, I know it's the peak.

[Há uma prece que faço por você e por mim
Há uma imagem do céu e de como as coisas poderiam ser.
Uma necessidade bem lá dentro quando tento falar
É aquela parte da montanha, que eu sei que é o pico.]

Eileen Connolly

A ponte do saber

Nesta série de compêndios exploramos os rudimentos básicos da filosofia esotérica. Abrindo portas de velhas e novas possibilidades, exploramos o vasto continente do conhecimento místico. A partir desses preceitos, você terá as bases sobre as quais poderá construir suas teorias, baseadas em sua experiência.

Tanto alunos como professores podem usar estes livros como pilares firmes que rodeiam seu local de saber. Como os antigos estudiosos, você pode deleitar-se com o estudo, a prática e a aplicação do que aprende. Os caminhos místicos, as fontes labirínticas lhe permitirão explorar livremente e descobrir o que procura.

No correr dos anos e através dos livros que escrevi fui professora de muitos. À medida que entrarmos no lugar fértil do saber, veremos os robustos pilares que sustentam para sempre as bases e a origem da nossa necessidade. Entre os pilares não há muros. O sol brilha, radiante, através deles e permite à brisa brincar em nossos níveis de consciência. Se prestarmos cuidadosa atenção, ouviremos o oceano do espírito – a maré de verdade persistente ao tocar as areias do tempo.

Onde quer que você esteja, seja qual for a parte do mundo em que vive, estamos juntos neste lugar, reunidos pelo Espírito e pelo propósito. Quando você sentir vontade de estudar e explorar estarei sempre aqui neste local, entre os pilares. Em todos estes anos tenho tido o privilégio de ter leitores no mundo inteiro. Muitos de vocês se tornaram proficientes e usaram seus conhecimentos para ajudar os outros. Por motivos que ignoro honram-me alunos que são estudiosos consistentes. O tempo tem acrescentado esse corpo de estudantes e leitores. Alguns progrediram e passaram a ensinar minhas obras e, mais uma vez, me sinto honrada.

Ao reconhecer essas coisas em silêncio, compreendi que elas precisam ser partilhadas com você, leitor. Recebo-o de braços abertos e espero que sua busca acabe por colocá-lo entre os pilares. Deixe-me estender um convite a todos. Se alguém estiver interessado em ser reconhecido como estudante Connolly, faça o favor de escrever-me, que me agradará reconhecê-lo.

Nossa jornada continuará e atravessaremos muitas pontes. Os humildes pensamentos desta autora tornar-se-ão a herança de vocês. Meus pensamentos são como migalhas de pão que espalho aos ventos, e com uma prece gentil e um sorriso atento espero, na Ponte do Saber, vê-los alçar vôo e erguer-se ao Pico mais alto.

Futuros compêndios

Esta série de compêndios nos levará a transpor muitas pontes. À proporção que você se abeirar de cada novo desfiladeiro do saber, estarei à sua espera e atravessaremos juntos outra ponte. Essa é a jornada do estudioso esotérico.

Em cada fase do estudo você receberá novas informações. À proporção que cruzar cada ponte tornar-se-á mais adepto. O conhecimento traz confiança. Transparecerá em tudo o que você fizer. A calma que vem com a luz do saber é sentida por todos. Reconheça que a sabedoria é para os que procuram e compreendem. Aprenda a usar bem seu conhecimento e sentirá sempre a energia confortadora e satisfatória que repleta a aura quando todos os níveis da consciência trabalham juntos.

Para alguns, a sabedoria é lograda em pequenas porções e os sábios aprendem a ajustar umas às outras todas elas. O conhecimento está todo ligado, pois vem da mesma fonte. O mistério e o prazer de aprender é descobrir o modo com que tudo funciona – o modo com que tudo se ajusta e nunca se separa.

Apêndice: notas, gravações, cursos

Estas notas destinam-se tanto aos professores como aos alunos de meditação. É importante reservar tempo suficiente para a relaxação física e mental. Para alcançar os níveis exigidos, você precisa estar num estado de relaxação. Os professores podem pensar na conveniência de proporcionar aos alunos uma música suave de fundo, a fim de facilitar essas exigências. Certifique-se de que todas as roupas são folgadas e de que tudo o que for capaz de provocar algum desconforto é retirado antes do período de relaxação.

Depois de cada afirmação, você verá a palavra ESPERE. O professor sensível compreenderá o que os alunos estão tentando terminar nesse momento e lhes concederá o tempo suficiente para experimentar plenamente cada fase da meditação. O estudante que se dispõe a trabalhar sozinho também deve dedicar tempo bastante ao fim de cada passo. Tenha-o em mente quando estiver gravando as instruções.

Todas as meditações incluídas neste livro podem ser obtidas em gravações. E tanto podem ser usadas na sala de aulas quanto em casa.

A Dra. Connolly dirige os Cursos Internacionais de Certificação sobre os seguintes assuntos: Gnotologia, Tarô e filosofia esotérica.

Conferências
Oficinas
Estudos intensivos
Seminários
Gravações
Cartas do Tarô Connolly

Se você quiser informações sobre vendas e cursos por atacado e a varejo, escreva para:

Eilleen Connolly Associates, Inc.
Route 2, Box 19
Lanexa, VA 23089

MÃOS DE LUZ

Barbara Ann Brennan

Este livro é de leitura obrigatória para todos os que pretendem dedicar-se à cura ou que trabalham na área da saúde. É uma inspiração para todos os que desejam compreender a verdadeira essência da natureza humana.

ELISABETH KUBLER-ROSS

Com a clareza de estilo de uma doutora em medicina e a compaixão de uma pessoa que se dedica à cura, com quinze anos de prática profissional observando 5000 clientes e estudantes, Barbara Ann Brennan apresenta este estudo profundo sobre o campo energético do homem.

Este livro se dirige aos que estão procurando a autocompreensão dos seus processos físicos e emocionais, que extrapolam a estrutura da medicina clássica. Concentra-se na arte de curar por meios físicos e metafísicos.

Segundo a autora, nosso corpo físico existe dentro de um "corpo" mais amplo, um campo de energia humana ou aura, através do qual criamos nossa experiência da realidade, inclusive a saúde e a doença. É através desse campo que temos o poder de curar a nós mesmos.

Esse corpo energético – pelo qual a ciência só ultimamente vem se interessando, mas que há muito é do conhecimento de curadores e místicos – é o ponto inicial de qualquer doença. Nele ocorrem as nossas mais fortes e profundas interações, nas quais podemos localizar o início e o fim de nossos distúrbios psicológicos e emocionais.

O trabalho de Barbara Ann Brennan é único porque liga a psicodinâmica ao campo da energia humana e descreve as variações do campo de energia na medida em que ele se relaciona com as funções da personalidade.

Este livro, recomendado a todos aqueles que se emocionam com o fenômeno da vida nos níveis físicos e metafísicos, oferece um material riquíssimo que pode ser explorado com vistas ao desenvolvimento da personalidade como um todo.

Mãos de Luz é uma inspiração para todos os que desejam compreender a verdadeira essência da natureza humana. Lendo-o, você estará ingressando num domínio fascinante, repleto de maravilhas.

EDITORA PENSAMENTO

FORMAS DE PENSAMENTO

Annie Besant e C. W. Leadbeater

Hoje em dia se encontra muito generalizada a idéia do poder e influência do pensamento. Essa influência não atinge somente o pensador, mas também ao meio onde ele vive e atua. É muito antigo o conhecimento desse fato, pois uma velha escritura hindu vinha dizendo há milênios: "o homem se converte naquilo que ele pensa", e todos os grandes instrutores religiosos e filósofos insistiram sobre a necessidade da boa ética na aplicação do pensamento e as responsabilidades que implica.

Por isso, educar e disciplinar o pensamento tem constituído o primeiro passo na via do aperfeiçoamento individual e no aprimoramento da inteligência e do caráter.

O que nem todos sabem, porém, é que os pensamentos são "coisas" no mundo oculto; isto é, além de ser uma força, produzem definidas formas mentais, com cores próprias, segundo a natureza do pensamento, e com uma duração proporcional à intensidade da energia que o engendrou. Essas formas mentais, conscientemente feitas e bem empregadas, podem produzir resultados surpreendentes enquanto subsistirem, por tempo variável de minutos a séculos.

Graças às superiores faculdades psiquicomentais, de que eram dotados, os autores desta obra puderam estudar minuciosamente essas e outras peculiaridades dos pensamentos. E procuraram expô-las aqui clara e metodicamente, de sorte a transmitir a outros os resultados de suas experiências e mostrar-lhes como disciplinar a sua mente e aproveitar de maneira inteligente os seus próprios recursos internos, que são enormes, variados e muito ignorados.

Acrescentaram também um capítulo muito instrutivo sobre o significado das cores dos pensamentos. Por ali se pode saber que as cores que nos rodeiam podem fortalecer ou enfraquecer nosso ânimo, irritar-nos ou acalmar-nos, entusiasmar-nos ou deprimir-nos, ser-nos saudáveis ou doentias.

Trata-se, pois, de uma obra valiosa e muito útil para todos.

EDITORA PENSAMENTO

COLEÇÃO YOGUE

YOGUE RAMACHÁRACA

A seguinte coleção compõe-se de obras de indiscutível valor para os estudiosos, nas quais o estilo do renomado autor não foge das linhas mestras da sua orientação: clareza e prática.

Catorze Lições de Filosofia Yogue
Hatha-Yoga (Filosofia do Bem-estar Físico)
Jnana-Yoga (Yoga da Sabedoria)
Raja-Yoga (Desenvolvimento Mental)
Curso Adiantado de Filosofia Yogue
Ciência Hindu-Yogue da Respiração
Cura Prática Pela Água
A Ciência da Cura Psíquica
Cristianismo Místico
A Vida Depois da Morte

EDITORA PENSAMENTO

O CORPO ELÉTRICO

Thelma Moss, Ph. D.

Neste livro, a Dra. Thelma Moss, autoridade mundialmente conhecida no campo da parapsicologia, dá-nos uma amostra das enormes dificuldades que teve de enfrentar para "fazer" parapsicologia e aplicar a metodologia científica nas pesquisas sobre o poder da mente e dos campos de energia.

Começando com o relato pormenorizado de uma série de conflitos clássicos com o Instituto de Neuropsiquiatria da Universidade de Los Angeles, Califórnia, sobre se a parapsicologia seria uma área de pesquisa válida para um psicólogo clínico, ela prossegue com a narrativa de suas viagens internacionais, especialmente pelos países do bloco soviético, onde tenta reproduzir as mais recentes experiências sobre bioenergia, fotografia Kirlian, cura psíquica e passes magnéticos.

Ao revelar segredos dos bastidores da pesquisa científica, a que não são estranhas a improvisação, a inspiração e uma boa dose de sorte, Thelma Moss dá um testemunho abalizado acerca do esforço dos parapsicólogos de todo o mundo no sentido de romper os laços com a ciência atual, oficial, para se aproximarem sempre mais de uma ciência do futuro.

EDITORA CULTRIX

O EREMITA

A história de uma iniciação na Escola da Fraternidade Branca do Himalaia

Felix Schmidt (org.)

Desconhecemos o nome do autor deste livro. O pouco que sabemos sobre a sua origem e os anos da sua juventude deduzimos do que ele nos conta nestas páginas. Abandonando em fins do século passado suas atividades na Alemanha, fez longas viagens que o levaram até a Índia onde, graças aos cuidados de um criado hindu, recuperou-se totalmente de antigos problemas de saúde. Esse mesmo criado, integrante da Grande Fraternidade Branca, cuidou de conduzi-lo ao caminho espiritual apresentando-o a um grande mestre que o acolheu no mosteiro da Fraternidade, onde se submeteu às rigorosas leis do discipulado.

O que ele teve de dominar nas diversas etapas de seu aprendizado para se tornar também um mestre é espantoso e sua narrativa é altamente instrutiva. No entanto, no livro, elas são descritas de forma tão simples e clara que ninguém, apesar dos muitos fatos fantásticos ali narrados, pode duvidar da veracidade dos acontecimentos extraordinários a que ele se refere.

Conseguido o indispensável amadurecimento, o Eremita foi enviado para o mundo. Depois de anos de intensa peregrinação, estabeleceu-se incógnito como um hábil fazendeiro num dos Estados do sul dos Estados Unidos.

"Os Comunicados do Eremita" — textos que serviram de base para este livro — apareceram pela primeira vez e de forma irregular em jornais e, posteriormente, também em forma de livro. Os poucos exemplares que chegaram à Europa foram muito apreciados nos círculos exotéricos e preservados como um tesouro precioso.

EDITORA PENSAMENTO

Outras obras de interesse:

A AURA HUMANA
Walter J. Kilner

AURAS HUMANAS
Colette Tiret

A AURA PESSOAL
Dora van Gelder Kunz

MANUAL DA AURA
Laneta Gregory e *Geoffrey Treissman*

O MISTÉRIO DA AURA HUMANA
Ursula Roberts

A AURA E SUAS CORES
Ruth Berger

AS CORES DA TUA AURA
Lea Sanders

MÃOS QUE CURAM
J. Bernard Hutton

MEDICINA VIBRACIONAL
Richard Gerber

CROMOTERAPIA - A Cura Através das Cores
Reuben Amber

A CABALA MÍSTICA
Dion Fortune

CABALA - O Caminho da Mística Judaica
Perle Epstein

CABALA
Francisco V. Lorenz

AS CHAVES DO TARÔ
Hajo Banzhaf

GUIA COMPLETO DO TARÔ
Hajo Banzhaf

EGO E ARQUÉTIPO
Edward F. Edinger

KARMA - A Lei Universal da Harmonia
Hanson e Stewart

A GRANDE TRÍADE
René Guénon